[美]娜塔莉·戈德堡(Natalie Goldberg)/ 著

颜杨 \ 译

写作疗愈的真正秘密

写出我心 3

The True Secret
of Writing:
Connecting Life
with Language

广西科学技术出版社

著作权合同登记号　桂图登字：20-2022-277号

Simplified Chinese Language Translation copyright © 2024 by Guangxi Science & Technology Publishing House Co., Ltd.

图书在版编目（CIP）数据

写出我心. 3, 写作疗愈的真正秘密 / （美）娜塔莉·戈德堡 (Natalie Goldberg) 著；颜杨译. — 南宁：广西科学技术出版社，2024.3
　　书名原文：The True Secret of Writing: Connecting Life with Language
　　ISBN 978-7-5551-1958-6

　　Ⅰ. ①写… Ⅱ. ①娜… ②颜… Ⅲ. ①写作—心理学分析 Ⅳ. ①H05-05②B84

中国国家版本馆CIP数据核字（2023）第232310号

XIE CHU WO XIN 3：XIEZUO LIAOYU DE ZHENZHENG MIMI
写出我心3：写作疗愈的真正秘密

［美］娜塔莉·戈德堡（Natalie Goldberg）　著　　颜杨　译

策划编辑：冯　兰　常　坤	责任编辑：冯　兰
责任校对：吴书丽	责任印制：高定军
装帧设计：古涧千溪	版权编辑：尹维娜

出版人：梁　志　　　　　　　　　　　出版发行：广西科学技术出版社
社　　址：广西南宁市青秀区东葛路66号　　邮政编码：530023
电　　话：010-65136068-800（北京）　　0771-5845660（南宁）
传　　真：0771-5878485（南宁）

经　　销：全国各地新华书店
印　　刷：北京中科印刷有限公司　　　　　邮政编码：101118
地　　址：北京市通州区宋庄工业区1号楼101号
开　　本：880mm×1240mm　　1/32
字　　数：192千字　　　　　　　　　　印　　张：9.25
版　　次：2024年3月第1版　　　　　　　印　　次：2024年3月第1次印刷
书　　号：ISBN 978-7-5551-1958-6
定　　价：56.00元

版权所有　侵权必究
质量服务承诺：如发现缺页、错页、倒装等印装质量问题，可直接向本社调换。
服务电话：010-65136068-800　团购电话：010-65136068-808

开始写吧

从崭新的一页开始

写下你脑海中的一切

写下你的生活

序言

Introduction

　　十年[1]前，当我想到这本书的书名（*The True Secret of Writing*）时，其实有点半开玩笑的意思。当时我正在上课，学生迟到了，我对她说："噢，希拉，真抱歉，你刚好错过了——我刚和大家分享完书写的真正秘密，每隔五年我才会说一次呢。"其实我是在逗她，也是在提醒她：上课要准时，因为这是属于你的重要时刻，不要错过了。

　　当然，没有人拥有所谓唯一的秘密，如果有人宣称他有，请赶紧远离他，离得越远越好。"唯一的秘密"是危险的想法。人生不是商品，不是单一绝对的，人生充满多种多样的可能。

　　过去十二年来，我一直在新墨西哥州陶斯[2]的梅布尔·道

1　本书原著出版于 2013 年 3 月，作者的写作在此之前完成，可以此推测大致时间线，下文同。

2　陶斯（Taos），美国新墨西哥州北部的县，北邻科罗拉多州。

奇·卢汉之家¹举办"真正的秘密"止语书写营，每次为期一周。一周的练习贯穿了静坐、慢走和书写。人们来到这儿是因为想要书写，但是多年的教学经验告诉我，他们想要的不仅仅如此，而是渴望一种联结，他们被某种精神驱使着，希望抓住一些意义。也许是因为多年以前曾经读到过的某本书——《安妮日记》（*Diary of Anne Frank*）、《离开夏安》（*Leaving Cheyenne*）或《卡拉马佐夫兄弟》（*The Brothers Karamazov*），书中的故事击中了他们，让他们无法忘怀；也许是渴望对父亲说出心里话。总之，人们渴望透过语言、纸上的文字来获得联结。当然有其他选择，比如打太极拳、练习瑜伽、学佛学、在大自然中静修等，但是有些渴望唯有透过书写才能得到表达。当然这种书写蕴藏了某种更大的东西，否则人们直接参加各大高校设置的创意写作班就好了。

　　我将书写营带到其他地方，比如纽约的欧米茄学院（Omega Institute）、加拿大的蜀葵静修中心（Hollyhock）、新墨西哥州的乌帕亚禅学中心（Upaya Zen Center）和瓦莱西托斯山庄（Vallecitos Mountain Refuge），这些地方开办的课程有不同的主题名称。但是梅布尔·道奇·卢汉之家是我的基地、我的创新之源、我的专属实验室。经过这些年在梅布尔的授课和修习，某种节奏渐渐形成，让我得以研发出一种便于运

1　梅布尔·道奇·卢汉之家（Mabel Dodge Luhan House），美国著名的艺术赞助人梅布尔·道奇·卢汉的故居，位于美国新墨西哥州陶斯莫拉达巷 240 号。梅布尔曾在此处接待多位知名作家、画家、摄影师和音乐家，并培养了许多年轻的艺术家。现用作旅馆和活动中心。

用到其他环境的为期一个星期的课程结构。不论练习时间是一整天、公立学校的一小时还是在家的一个下午，不论是一个人还是两三个人的小团体，都可以运用。重要的是内化这个结构，将它融入心智，变成扩展与联结自己人生的方式。

我修习禅学许多年，自然而然地从禅学的冥想静修出发，经过加工改造将其变为书写营的课程结构。也就是说，"真正的秘密"书写营背后依托于两千年的传统练习，并不是我自己随随便便想出来的。一位西方女性在她的时代和文化中，遇见了古老东方的智慧，于是，某种既富于创新又扎根于传统的成果诞生了。

必须说明的是，这本书提到的练习，不限于任何宗教、派别或者创作冲动。这些练习适用于所有人，不论你的宗教信仰、职业、心理状况或者境遇如何，它们都可以丰富、滋养你。

课程中，除了传统的冥想和静修，我还加入了一个重要元素：书写。静坐、慢走、书写都是我们的练习项目。在我体验过的最宁静、最深刻的静坐里，是包含了书写的。书写帮我们放空自己，安置心灵，就像让心灵潜入安静的池中，潜入沉默，远离一切纷繁杂念的源头。

"真正的秘密"书写营里，时间均匀流动：铃声首次响起，我们静坐；铃声第二次响起，我们慢走；第三道铃声响起，我们从椅垫下拿出笔和笔记本，接纳心中的念头并将之写下；铃声再度响起，我们大声朗读写下的文字；铃声继续，我们开始新一轮的慢走。

教室布置成禅堂的形式（我们静坐的地方），四面墙壁都有垫子（或者椅子），角落有个祭坛（如果学生人数很多，可以把椅子摆放成列，祭坛不是必要的）。不管怎样的授课形式，都需要有一个"结构"。一个合适的结构，可以帮助心灵沉潜得更深，呼吸得更深，写得更深。

课堂上，我一再对学生们重复"用呼吸引领你的心"，然后我会问："可是要怎么引领我们的书写呢？"

学生们回答："当然是用纸和笔。"也一定有人问："用电脑也可以吧？"

我的回答是："我们虽然会开车，但还是要记住怎么走路。电脑很好，但是它调遣的是另一种身体活动，当我们的心智思想从电脑键盘流出来时，会经受一些扭曲和改变。不是说变得更好或者更差，但确实不一样了。"

手写是我们学习书写的第一种方式。手连接着手臂、肩膀、心脏，敲击电脑则只是用到两只手掌，属于不同的结构。如今对许多人而言，电脑已经是主要的书写工具。这没有关系。但是万一我们变穷了，买不起电脑了，或者电力中断了呢？书写营要训练的，是人在任何情况下都能书写和内观。当我们不再依赖外在工具时，我们就拥有了弹性和自由。

早些年，二十世纪七八十年代的冥想静修并没有包括书写，人们安静地坐着，脑子里却充斥着即将举行的婚礼、失去的爱情、经济烦恼、狂热的欲望、最近离世的人等。这些都是真实的心事，我们无法阻止它们不停地往外冒。"关注呼吸，回归当下"的传统练习方法不足以奏效，我们坐着，被一阵阵袭来的情绪——哀伤、饥饿、愤怒、渴望、悔恨和怨念吞噬。静坐的初衷是放下杂念、脱离煎熬，而结果却恰恰相反，这样的静坐只是激起我们内在更多的攻击性，而非解脱。没错，一些意志坚强的灵魂做到了，但大部分人仍然备受煎熬。还有一些人干脆放弃，直接在垫子上睡着了。

尽管如此，我对静坐一直怀有深深的敬意。它是伟大的开始，让我们第一次走近古老中国和日本的修行生活。虽然我从来没有从念头中获得永恒的平静（这实际上是对心灵的误解），但我学会了如何静坐（在这个节奏飞快的社会，已经是很大的成就），如何通过静坐来吸收信息和倾听，不仅是用眼和耳看电影、听音乐，还能听见树木在寂静中生长。我理解了何谓"结构"——一个房间的结构、一天的结构、一周的结构、时间的结构、心灵的结构。我领悟到生命从这一刻到下一刻之间的亲密，领悟到过去从来不可能了解的爱，并得以看到人类现实更广阔的层面。

活跃于二十世纪六十年代的那一代、我这一代，愿意脱离社会，过着极端的生活，只为寻找到一些赤诚的真理，一些救赎我们自己和有情众生的希望。正是由于我们这代人的决心和意愿，禅的种子才得以在美国生根发芽，形成现实基础。有些人从此转行，成为禅师并将之作为终生事业。而我们中的许多人，坐在椅垫上做学生，学禅很多年，直到有一天被抛回现实世界，心里开始纳闷：自己之前到底在做什么？现在又该如何是好？光是谋生，就让他们感到无穷的焦虑和压力。

从那以后，修行就发生了变化——人们不愿再过那种极端的生活，而是渴望一种更具包容性的修行方式，能够将工作、家庭生活及心智探索与心理学上的最新成果融合起来。书写练习就是这种需求的有效回应。你可以在日常生活中写作，穿透那些繁冗的、挥之不去的思绪，把脑海即刻出现的想法与场景写下来，或者擦除——当它们被写过、做过、表达过以后，或者认识这些想法并将之化为你的神经与肌肉的一部分。

在书写营里，我们大声朗读自己写的内容，没有修改，不做回应。不想读的人可以不读，但是只要越来越能够接受内心的声音，几乎没有人会不愿意朗读。摆脱了评论家、编辑和我称之为"心猿"（心猿跳来跳去，永不着地）的内在声音，他们感到自由和兴奋。

我会告诉大家："我们聆听彼此的文字，就是在理解彼此的心，没有所谓的好与坏。"我们听见了一起静坐的人心中燃烧着流转的思绪，也通过朗读和倾听走出自我，获得解脱——原来我不是疯子，原来别人也有这种疯狂念头。分享开启了慈悲之心，消除了隔阂。"我不再孤身一人。"

在书写营里，每个人的背后都有一个更辽远的世界。当你低头躬身在笔记本上书写时，便是进入更大的心灵世界，与万物有了联结，这种联结会支撑你。透过悲伤，透过玻璃上的一丝闪光和踏在碎石上的脚步，你瞥见了爱。

比起小说、短篇故事、散文和回忆录，我更倾向于另一种书写，我称之为"先验书写"（priori writing）。这种书写练习能带给你强大的支持，让你对自己的生命充满信心，相信人生具有价值（进而尊重世上所有生命），理解心灵（这是身为作家最有力的工具），理解书写练习，明白创作是怎么一回事。我们的课堂有明确的时间表，所有人都要认领任务，包括在一天的练习中清扫走廊、给水壶加水、敲铃、点蜡烛。我们亲手照料生活于其中的环境，并经由这个过程深耕自己。

我有没有提到过，书写营是止语的？十年前，止语的做法还有些争议，很多人无法理解，而如今止语已经广为人们接受和讨论。

我告诉学员："不要把时间浪费在闲聊上——说，说，说，不停地说。让故事酝酿在肚子里，然后展现到纸上。写完以后可以聊天，但现在不要分散你的能量。"

四年前的一期书写营，头一天晚上，还没开始止语，晚餐的时候一位学生对着身边三位学生一幕一幕详细讲述着自己计划要写的一个剧本。我敢打包票他还没动笔写一个字，否则就不会一直说了。

我倾过身去，手里还握着叉子，微笑着说："马修，闭嘴。"

马修是我的老学生了，从新罕布什尔州来梅布尔上课多年。

他吓了一跳，有些尴尬，然后大笑起来。

"他们会把你的好点子偷走的。"我把生菜放进嘴里。

学生们体验完止语书写营以后，都说他们再也不要参加那些所有人不停说话的书写工作坊了。

"真正的秘密"书写营里，用餐、中间休息、上午和晚上都保持静默，只有当我们朗读自己的作品和阅读讨论的时候例外。开课之前，我会指定两三本书让学生们提前阅读，包括华莱士·斯泰格纳[1]的《安宁之路》(*Crossing to Safety*)、钦努阿·阿契贝[2]的《瓦解》(*Things Fall Apart*)、比尔·布福德[3]的《热火》(*Heat*)、派翠沙·汉波[4]的《花匠的女儿》(*The Florist's Daughter*)、安妮·法迪曼[5]的《要命还是要灵魂》(*The Spirit Catches You and You Fall Down*)、李昌来[6]的《母语者》(*Native Speaker*)和约翰·埃德迦·韦德曼[7]的《兄弟与守护者》(*Brothers and Keepers*)。要求大家阅读，是希望我们的觉知练习能够与世界接轨。

文学告诉我们某些人生真相，展示出人类心灵觉醒鲜活的一面。我的导师片桐大忍[8]禅师曾有言："文学可以讲述人生的真相，但不会教你怎么做。"练习扎根于我们真实的痛苦和书写的骨架之中，表达我们真实的生命能量。它不需要一个充满魔法的完美岛屿，不讲求正式的鞠躬、日本礼仪和美学。

---

1 华莱士·斯泰格纳（Wallace Stegner，1909—1993），美国作家、环保主义者、历史学家。

2 钦努阿·阿契贝（Chinua Achebe，1930—2013），尼日利亚小说家、诗人、评论家。

3 比尔·布福德（Bill Buford，1954—），美国作家、记者。

4 派翠沙·汉波（Patricia Hampl，1946—），美国女作家。

5 安妮·法迪曼（Anne Fadiman，1953—），美国女作家、记者。

6 李昌来（Chang-rae Lee，1965—），韩裔美国作家。

7 约翰·埃德迦·韦德曼（John Edgar Wideman，1945—），非裔美国作家。

8 片桐大忍（Dainin Katagiri，1928—1990），日本禅师、美国明尼苏达州禅修中心的创始人。

当学生们阅读约翰·路易斯（John Lewis）的《与风同行：运动回忆录》（*Walking with the Wind: A Memoir of the Movement*）时，我问他们，为什么参加书写营之前要阅读这本书。

来自马萨诸塞州的纳森尼尔说："路易斯和其他民权运动者也像我们一样静坐、慢走，他们向我们示范了如何在世界中行动。"

某个八月，书写营的最后一个下午，我们拼车出游，一路上保持静默（八辆车，其中一辆车里的人一路唱着颂歌）。汽车行驶在双车道高速公路上，道路两旁的向日葵摇曳着脑袋。我们开过赫伯酒馆，左转过桥，沿着洪多河（Hondo River）驶上一条小路。河流最终在古老的峡谷与里约·格兰德河（Rio Grande）汇合，那里的悬崖是粉红色的。我们去那里游泳，沿着河床逆流往上游，然后仰躺着顺流漂下。

有些人从来没有真正下过河，三位学员专门提前学习游泳，紧张地参加了这次行程。一开始他们甚至不愿意换上新泳衣（其中一位来自英国的学员把泳衣叫作"浴服"）。

前一天的中午刚下过一场夏季暴雨，河水沁凉，但是练习让我们冲破所有抗拒——想也没想，我们一跃而入。

经过几天的静默练习，我们对彼此的了解更加深刻。没有絮絮叨叨的话语打断我们在河流中的联结。新手们顺着河流漂流，我们可以感受到他们的喜悦和骄傲，他们的快乐亦是我们的快乐。我们的心足够柔软，可以容纳高高的蓝天、清澈的波纹、筑在岩壁下的燕窝和岸边的杉木。到此刻，一周的练习让我们的身体产生共鸣，创造出空间接纳身边的一切。

回程路上，我心想，过去还从未有人将静坐、慢走、书写和文学如此微妙有机地织为一体。如今有些老师也会在冥想课程中加入书写的元素，但书写仍然被视作单独分开的活动，而不是整个练习的一部分。

我一生都致力于书写练习。坐在车里，回头望见身后那一串车流在蜿蜒的泥路上一齐驶出峡谷，我忽然意识到，必须把这些年静修营的经验分享出来。而接下来冒出来的一行字是：在我死前。我感受到时间的紧迫。生命的无常无处不在，我要如何在这些"无常"中完成这一事业？在电话、短信、传真、智能手机和脸书之外的那种野性而毛茸茸的生活体验，我要如何留下它们的痕迹？

这本书的结构把我教授多年的"十分钟限时书写"项目，延伸到了笔记本以外的整个生活。我们在笔记本上的书写会创造出一种持久的力量，它帮你找到属于自己的书写之声，找到你自己的"核"，让你的灵感与世界一同呼吸。

我承认，有时候我很犹豫到底要不要分享。每当写出一本畅销作品时，一半的自己觉得不应该"让读者和我一样坐在桌前冥思苦想"；另一半的自己则担心这种分享"会冲淡教学的实践"，没准读者很快就会放下这本书去读其他书了。但是我发现这种想法并不公允，我的第一本书《写出我心：普通人如何通过写作表达自己》（*Writing Down the Bones*）[1]出版二十七年了，至今人们仍在锲而不舍地坚持书写，这让我感到意外，也深深震撼了我。第一次举办书写营已经过去二十年，学生们告诉我，他们一直坚持着参加书写小组。

我的工作是让古老的教义在现实生活中再度发挥活力。我没有冲淡它们，而是通过把书写纳入练习的核心，让传统的修行更好地适应当下生活。我曾经在明尼苏达州的禅修中心跟着我的日本禅师修行多年，也跟随其他国家（泰国、越南和缅甸等）的禅师学习过数周，我相信自己的工作就是对所有先师的致敬。

有些东西之所以永恒，是因为它可以随着时间灵活调整；有些东西之所以永恒，是因为它碰触到了我们心中某些最根本、最重要的东西。

我教的不是禅学，而是以禅学作为一个理由、一种角度、一套很棒的结构，帮助人们看清人心与人性，走入那个未被定义的巨大疆域。每个人的内在都充满与生俱来的智慧，但我们要如何发现它、相信它？要如何去关注人类命运中短暂易逝的和平，并以此作为我们的人生目标？要如何安处世界之中，观照生命的明灭起落，如同我的老师片桐大忍禅师所说的那样"不离不弃"，将这一切记录于纸上？

这本书是禅也不是禅。它属于每个人都能习得的智慧。我们静坐，走近整个世界的苦难，不论是奥斯维辛集中营、刚果

1　《写出我心：普通人如何通过写作表达自己》原著于1986年首次出版。

内战、美洲原住民的苦难历史还是你的朋友和家人的苦难。同样，这本书也试图抓住人生可能拥有的喜悦和幸运的乐趣。

一位学生给我写信，针对"通过静坐和慢走，创造书写的坚实基础"这一条教义做出自己的总结，信中写道："有时候，我会想起自己当初试探性地踏入格兰德河冰冷的河水，到最后一跃而入的时刻。我告诉自己，你只需一头扎进笔记本中，往前写就是了，如同当时的入水，如同冥想静坐，尽力超越心猿意马的自己，抵达书写的疆域。我明白重点在于不断地写，而不是必须抵达'某处'。不断地慢走、静坐、冥想，最重要的是，我提醒自己学会放手，放下于人于己的评判——每个人都拥有自己的价值，并值得为之发声。"

静坐、慢走、书写。这就是真正的秘密。

目录

Contents

第一部分

基本要领：存在的基础

恳请诸位：死生事大 各宜觉醒 时不待人 慎勿放逸

——晚课吟诵，写于木板

最大的愉悦

The Greatest Pleasure

对很多人而言，书写就像饮食与睡觉一样稀松平常。佛祖说，卧眠之中蕴藏着愉悦与吉祥。恐怕很少有人真这么想——睡觉而已嘛，哪有那么夸张。但如果你长期饱受失眠之苦，我想一定能深深领会安枕入眠的幸福。书写亦是如此。大部分人自小念书识字，认为写点东西不算什么。但是请设想一下：假如你是一个奴隶，永失自由，常年困于非人的境遇中，一不能读，二不能写，心里该有多苦！这样想来，阅读和书写其实是人之为人被赋予的神圣权利：一旦拥有，就应该尽情开掘，探索其中的奥秘。若将其视为理所当然，可能会错失一段美妙经历。

再者，书写也是一种精神上的寻根和传承。像我的祖父，十七岁从俄罗斯漂泊到美国，学习一门外语并谋得生存，实属不易，想来已无余力去探索更多。在这个族裔多元的国度，我们这一代人有能力（更有责任）去传递先人那份关于生活的理想，展示其中真谛。当然，也不必把书写这件事看得过于复杂，恰恰相反，从生活中平凡简单的事情开始就对了，试试看。我相信佛祖那句话原本应是：书写和卧眠一样，只要深入其中，便会渐入佳境，体会到巨大的愉悦。

就在前几日，八月中旬的一天，熬过几个月的干旱和森林火灾以后，圣菲[1]终于迎来大雨。雷鸣滚滚，闪电破空，乌云卷积着抛下美丽急促的雨点。大雨落在屋顶、树丛、干涸的河床里，落在每一棵番茄秧、每一条道路和每一辆车上，点亮并唤醒了小镇的每个角落。我站在家中院子里，看着干巴巴的两个堆肥箱[2]被屋顶溢出的雨水浇透，心中感到一阵肃然，回屋躺到床上，隔着纱窗和敞开的门，雨声依旧回响在耳边。

起来，你还有事情要做呢。我对自己说。

我听到内心的回答：再说吧。

于是我继续躺在床上，心浮游在淅淅沥沥的雨声中。雨水灌入干燥的草丛，泥土的清香刹那充满整间卧室。我知道这个八月的午后转瞬即逝。大雨中的我好像又变得年轻了，往日重现，在纽约长岛[3]度过的那些夏日浮现出来：一切都是暗绿色的。

1　圣菲（Santa Fe），美国新墨西哥州首府。

2　堆肥箱（compost heap），用来堆肥的容器。将厨余、水果皮等放入堆肥箱经过发酵分解等流程变成有机肥料，施于土壤。

3　长岛（Long Island），美国纽约州东部的岛屿。

就在此时，门铃响起，我起床开门，是我的一位邻居。她身着雨衣站在门口，湿漉漉的卷发从兜帽伸出来，全身滴滴答答地走进屋。我泡好红茶，又从冰箱拿出一盒巧克力，打开包装放在桌上，和她聊起天来。

我们至少有两个月没见。上次来的时候，她的家庭一团糟：丈夫有外遇，十三岁的女儿在阁楼偷偷吸烟，她的猫在客厅乱尿。聊起这些的时候她两只手绞到一起，泪流不止。要知道平日里她是一个心平气和的女人。

我认真听着，问她丈夫和谁出轨，是否确定真有其事。

她怀疑是某个同事。说这话的时候，她眼睛睁得大大的。

两个月前的那一天异常炎热，就算没有闹心的猫、叛逆的女儿，光是恐怖的高温就足以搅得人心烦意乱。

但这个午后，一切都变了。她不停谈论着她的玫瑰花，三首新写的诗，还有上周是怎么文思泉涌地创作小说的。

我大着胆子问："你的丈夫怎么样了？"

她手一挥，说："谁晓得他怎么回事，昨天躺在客厅地板上听了几个小时音乐，动都没动。"

我忍不住心里犯嘀咕：难道我的邻居都不用上班的吗？但是我问："外遇呢？"

"谁管它。"她耸耸肩。

她的表情松弛而舒展，看起来年轻了十岁。

我继续问："猫呢？"

"噢，我的小可爱现在知道去外边撒尿了。"

"女儿怎么样？"

"你能相信吗？她竟然练起了小提琴。"

"还在吸烟吗？"我没忍住继续问。

"不知道，我已经不怎么担心那个了。"

送她到大门口的时候，我停下脚步。"我很好奇，你怎么变了这么多？"

"好问题。"她停下来想了想，"我又开始写东西了，生活里每一件事都变得有意义了，我感觉又找回了自己。"她的脸颊漾起一个大大的微笑。"我的生活回来了，书写的感觉太美妙了，扫开了一切无谓的纷扰。"

"就这么简单？"我问。

"当然。"我目送她走进院子，踏上已经干掉的泥路。

一直以来我的工作是致力于传播写作的意义。《独立宣言》中规定了人之为人不可被剥夺的几项基本权利：生命权，自由权，追求个人幸福的权利。我想还应该加上一项，那就是书写权。

有时候我也会胡思乱想：会不会是自己夸大了书写的意义？因为书写滋养了我的生活，于是就往前大迈一步——品尝过美味的桃子派，就宣称桃子派是全世界最美味的食物。但是我明白自己的使命意义何在，推动整个美国书写，鼓励人们相信自己，体察内心的想法，理解自己感受到的一切，而这正是民主的基础。每当我在这份事业上懈怠，比如陷入空想或者犯懒时，就像八月那一天沉迷在夏日回忆中，总会有个人敲响我的门，提醒我继续工作。

我在德国的朋友大卫·施耐德用邮件发来一段话，是加利福尼亚大学出版社即将为他出版的新书《无尽的美丽：诗人和禅师菲利普·惠伦传》中的致谢的内容：

"你知道自己的问题出在哪儿吗？"我的禅师开口讲话，将注意力放到我身上。他的目光那样专注，以至于我忘记自己身处温暖夜晚的法国小镇，正与许多人拥挤在嘈杂的小酒馆里。他提出的问题让每个虔诚的学生无处逃遁，而我们也很想从老师口中听到回答，就算接下来的一整晚、第二天、那一周甚至整个月的情绪都会因此而波动。我做出了一些回应——也许不是用语言的方式——表示自己正洗耳恭听，但是他没有在意。

"我想，"他一直注视着我的眼睛，我感到四周的空间和时间仿佛消失了，"你的问题是你不书写。你需要写。如果你觉得事情太多而没有办法写，那么我（在这里，他使用了一串很长的全名以及法号）郑重地交代，你的练习就是书写。"说完他将我从他的目光中释放出来，转身又回到人群中。他说得不仓促，但不知为何有些突然，带着不容置疑的决断。只有结论，没有解释，没有评论。很快他便沉浸到与其他人的对话中，仿佛我们之间这场能量的传递从未发生。我的呼吸久久无法平静，震惊和感恩之情从内心蔓延到四肢，我知道它真的发生了。

不是只有那些想要创作出"伟大的美国小说"的人才有资格书写。有些人很小就知道自己想要写作；有些人虽然早有征兆——他们通常痴迷于阅读，也被周围的人看好，但是却需要很长一段时间才能找到自己，可能直到三十岁、四十岁、五十岁才开始写。

我的一位学生——八十八岁的多萝西已经参加过我们在五个地方举办的书写营，但因为膝盖受伤而错过了十二月的止语书写营。她一直在加紧恢复，希望能赶上第二年八月份的课程。她有一位好朋友玛莎，她们十年前相识于陶斯。虽然两人住在西海岸的不同城市，却常常一起书写。最近玛莎去世了，为了纪念她，多萝西想再次前往陶斯上课。她担心女儿不让，便没有告诉任何人。她在独居的八楼公寓里悄悄练习，沿着长长的走廊上上下下，缓缓经过一扇扇邻居家的门。启程的前一天，她找到一位同伴陪同协助。他们从西雅图坐火车去新墨西哥州，在萨克拉门托[1]转车。到了禅修中心，她把玛莎的名字放在祭坛上，面对玛莎的名字，她大声朗读。

玛莎，我想告诉你：我多么享受第一次参加书写营与你一同上课的时刻。教室里挤满了人。我记得你坐在外面，烟囱旁边，用针线修补你的皮鞋。后来你经常在同一栋楼里慢走。去陶斯之前，我对你只有一点点了解。后来我们一起旅行去了圣菲、日落大道和洛杉矶，住在青年旅舍。旅程中的所有细节都在我的记忆中。

我记得你被推进医院的时刻，感恩有幸陪你进入加护病房。二十多年你赖以生存的那仅剩的一只肺，正在迅速衰竭。你说不了话。你打手势让儿子们拿来纸，你要写。在你家的餐桌上，我们一起书写了许多年，有时也会在餐厅安静的角落里写。现在你戴上了呼吸器。

---

1 萨克拉门托（Sacramento），美国加利福尼亚州中部、萨克拉门托河流域城市。

还有一个选择，是五十六千米外的另一家医院。在那里，他们会把盐水灌入你的肺部再吸出来，因为这些盐分，你的心也许会继续跳动。你写了一些短诗，但是大部分时间你写字条给两个儿子。你的心脏又继续跳动了十六个小时，其间你未停止写作，一直表示需要更多的纸。我问你的两个儿子，最后的遗言是什么。"妈妈说要我们做好孩子。"

　　几个星期后，男孩们为你举行了葬礼，我很荣幸能致辞。我说你是我的铁姐们，那个时代我们都这么称呼最好的朋友。我说是因为书写，我们成为好友。我们用娜塔莉教的方法书写。到现在一直有人问我是否会考虑参加一段新的课程，我无法回答，因为你，玛莎，你不在了。我一直想告诉你，你对我是多么重要。

——多萝西·谢尔顿

　　多萝西做到了，她胜利抵达目的地。八月的课程上，她自在地打断我："娜塔莉，你还记得吗？有一年课上有人问你读不读《圣经》，你回答说，'不，我不读，我只读自己写的书'。"

　　全班哄堂大笑。我转头对她说："我有点印象。多萝西，你的记性真好。"

　　她也对我微笑。

为何要止语？

Why Silence ?

　　在书写和文字的背后，不是语言。我们需要了解并且抵达某种境界，获得更广阔的视野，从而掌握语言。

　　在止语书写营里，思绪、记忆和感觉都有机会回到我们心中。如果练习到位，某个时刻，我们的思想、感觉、记忆和理解会在当下安顿下来，身心不二。听上去像是陈词滥调，但是你确实能感觉到眼前的地板、身边的朋友、风中哀鸣的斑鸠、手臂上的汗毛、脸上的鼻子等，世间万物与我们同在，你并非局限于这一身皮囊中。静默里，在你和其他人之间升起一种无言的亲密感，有人在房间的角落里轻声呜咽。禅宗中有句话叫"与万物同一"。此言不虚，不妨一试。

　　如果没有参与团体，你可以尝试一个下午不讲话，同时手头的事情不要停。对牙医点头，朝邮差挥手，向店员微笑。若是街上遇到熟人，和他们握手。你会发现没有人意识到你的静默，每个人都在忙着自我表达。如果能持续地练习并得其精髓，你将拥有世界上最稀缺的特质：内在的宁静。

人类社会建立在嘴巴不停地说、说、说上。但是话语从何而来？它源于静默，静默和说话是一体两面。

也许在很多人看来，"真正的秘密"书写营践行的止语有些极端了，但是这个社会真正的极端是什么？是说话，不停地说，时时刻刻地说。交流、掩饰、转移、分享、隐瞒、撒谎、打发时间、浪费时间、毫无目的、疲惫不堪、气急败坏。我不觉得静默是件神圣之事，它是另一种角度，让这个话语泛滥的社会得以延展。

我们要学会平衡静默和说话。当你与某个人或者一屋子人沉默相处的时候，悄然滋生的亲密感会让我们想要逃离。当我们不停言说的时候，也在错过许多东西——无法意识到四周环境，无法真正觉察我们说话的对象。

每个星期我和朋友凯蒂·阿诺德（Katie Arnold）都会在家附近的山路上徒步，每次一个半小时。我们定下一个规矩：上山保持静默，下山可以交谈。我们都很享受一路开启的静默时光：可以更好地观察弯弯曲曲分岔的小径，路上那棵孑然独立的黄松。有些日子我的呼吸沉重，有些日子我的步履轻盈。久而久之，当冰雪融化，黑色的岩石裸露，早春的劲风把冬天最后一层脆弱的寒衣吹散时，这条小路已经印在我们心里。

上山途中，身体的活动和静默让我们与自己产生联结，这些都让人感到愉快。于是下山的时候，我们都注意到和彼此的对话敏捷、亲密而直率。虽然话题并不总是美好的，我们会聊到凯蒂的父亲——他曾是《国家地理》杂志的摄影师，后来死于癌症。但是话语散发的能量笼罩着我们，流淌在整条小路上。我期待听闻她在烘焙手艺上的进展，同时分享自己近期对某位作家的全新理解。

那种安静如此深植于心，我将它视为升起的福音，凯蒂和我则成为梵蒂冈城。当我和朋友塞斯、安、巴克西姆一起爬山的时候，我也建议前半程保持静默——他们点头同意。与其说这是某种规则、信条，倒不如说是一种解脱。

当然，静默也可能是在逃避、压抑或者掩藏，它可以是羞涩，是未被揭露的秘密，是一副迷惘的硬心肠。

止语的过程中，我不是要求大家在渴望说话的时候紧闭上嘴，而是希望与静默建立一种联系，寻找一个接受并且享受静默的地带。但是就算我们不说话，也会有许多嘈杂的念头守卫在那里，我们的思绪总是第一时间反抗，常年以来它们疏于管束，主宰着我们的心，也渴望继续掌控一切，表达一切。另一方面，我们很害怕：如果安静下来，内心会出现什么呢？在止语书写营里，我们要学习的，就是与自己相处。

有时候静默被当作一种惩罚，意味着忽略、冷漠对待。也许你来自一个沉默的原生家庭，又或者从小家人告诉你保持沉默是不礼貌的。但是沉默也可以是解脱——我们不需要扮演或者成为任何人，放松就好了。

课堂上，我们会大声朗读自己的作品；小组讨论上，我们也会讨论被分配到的作品。但是在其他时刻——从起床到睡觉，包括吃饭——静默作为一切行动的背景，这样我们的学习、讨论、沟通才会深思熟虑，我们才能更好地倾听彼此。书写营里，我们的对话不疾不徐，不带竞争意味，也不是个人独白，而是聆听、思索、回应。作为团体，我们共同理解和欣赏一本书，共同成长，这很美好。

理想的情况是，经由止语练习，我们变得灵敏，在说话和静默之间灵活切换，而不会卡顿或者思绪断掉。静默是倾听之门，而倾听是书写的基石。更重要的是，静默能帮我们通往最终的宁静，在自我和外部世界之间达成和解。

冥想（静坐）

Meditation（Sitting）

　　小姑娘米卡拉·吉伦来自密尔沃基[1]，每年暑假会来圣菲待上一个多月，陪伴祖母和外祖母——这两位也是我的朋友。一晃十个月过去，今年她十一岁了，刚念完五年级，满脑子都是学校操场上孩子们之间流行的笑话。

　　晚餐的时候，她问了所有人一个谜语：

什么东西由七个字母组成？

什么东西你拿它一点办法也没有？

什么东西你吃掉它，你也会死？

　　一阵沉默，所有人都被难住。

　　我乱猜一气："蛇。"

　　米卡拉摇头大笑。

1　密尔沃基（Milwaukee），威斯康星州最大城市和湖港，位于密歇根湖西岸。

"好吧，我不够聪明。答案是什么？"我皱着眉头问。

"什么都没有（nothing）。"

"什么都没有。"咔嚓一下，我恍然大悟。现在就连美国中西部学校操场上的孩子们都在思考"什么都没有"了？

"没错，你能对'什么都没有'做什么？你也不能吃它，不然你会饿死的。"

"很妙。"我微笑着说。

接下来，她说了另外一个笑话。

开头第一句我没听着——当时正埋头吃饭——接下来的内容是这样的：

一个女人来到前台，要点芝士汉堡和薯条。

"女士，这里是图书馆。"

"哦，抱歉，"她压低声音，"我可以来份芝士汉堡和薯条吗？"

这个笑话几乎让我崩溃：多么超前、怪诞、超现实而且毫无意义。现在的孩子们已经能这么深刻地感受到虚无的存在了？

后来我才知道这是个嘲笑金发美女的笑话，孩子会模仿成人社会里的偏见。但我还是更喜欢自己理解的版本，听起来比较怪异、失控、神秘、莫名其妙、无从理解。我很兴奋地发现某种新的觉知已经悄然潜入小学课堂。但是，哎，后来她又说了一个关于鼻涕的笑话（幸亏是饭后）。

一个重要的问题是，当我们试图猜测谜语或者理解笑话的时候，脑子里会出现片刻空白，我们可以和这片空白和谐共处吗？可以接受没有答案吗？人的本能是抓住一切，搞明白一切，可是看看四周吧，没有任何事物可以永远存在，我们面对的就是"什么都没有"。

一九八九年旧金山大地震之后，我的朋友吉宁说："过去总觉得，至少还有脚下的大地可以依赖，直到地震到来，大地也崩塌了。"

明了生命的无常，但不必变成虚无的宿命论者；明了世上不存在永恒的自我、存在和理念，但仍愿意品尝短暂易逝的真实。没有任何事物会永远属于我们。

这就是练习静坐的目标。当我们一动也不动地静坐在空无之中时，如果还能够说有个什么"目标"的话，或许就是这个。

当然，我们都相信有些事物真实不虚：火车到点就会出发，秋天要去摘苹果，停车投进的硬币会被回收，这些都是实相，但是它们无法定格成为永恒。就连我们的婚姻也有结束的一天。它会成为我们随身携带的记忆，直到有一天我们再也携带不动任何。我们都会离开这个世界。

真抱歉我竟然用这种方式鼓励你安静地坐下来冥想，请原谅我。但是当你身处忙碌的生活，每件事都显得十万火急的时候，静下心来，坐着，把它们都抛开，你会感受到莫大的自由。把意识放到呼吸上，就像陷入舒适的沙发一样，深深地陷入你身体的骨头里，你会感到与周围的一切如此亲密，不论是窗外的微风、鸟鸣，还是电话铃响起——老板让你加班——都能保持平和的亲密。没有什么事情那么重要，但是一切又都很重要。

每天静坐五分钟。你可以双腿交叉，屁股下垫个圆形坐垫，背挺直，眼睛闭起或者睁开都可以，心无所执，放空思绪，视线四十五度向下。

你也可以选择在椅子上静坐，不管你的身体是否灵活。在椅子上打坐是很好的练习，这样一来你就能随时在飞机上、机场、牙科诊所、律师事务所、就业辅导中心或者房地产办公室里静坐。腿上不要放任何东西——包包、笔记本、手提电脑或者刚买来的食物都放到椅子下。腿放平，与胯骨同宽，背挺直，手放于大腿上，掌心朝上或者朝下都可以。

站着同样可以冥想。在药店或者学校餐厅排队的时候，都可以试试。

不管你是站着、坐着还是躺着，重点是觉知呼吸——吸气，让空气充盈你的肺部，让外部的能量进入你的体内，融合；接着呼出，让你体内的能量汇入外部的世界，融合。宇宙中我们不孤单，我们并非彼此隔离。吸入生命，呼出生命，一次一次地来。

你的思绪会开始飘飞，也许你会听到声音，也许鼻子某处发痒。既然选择以呼吸安顿自己，就请再一次回到呼吸上来，感受它，将它作为狂野世界中稳固你自己的基石。心如惊弓之鸟，太容易受到外物影响。我们习惯了相信自己所感觉的一切都是神圣之音，急需立刻回应和处理。就像炸弹掉下来，马上跑开寻找庇护；子弹袭来，赶紧飞奔让道。如果炸弹出现在你的意识中，接受它，重新回到呼吸的轨道上来就好。我们的烦忧是真实的，但是执着只会让烦忧变得更深，更加难以消除。

和我很熟的一位学生去世了。她的好朋友，也是我的学生，打电话告诉我这个消息。"我不能接受，她不能死，她是我最好的朋友。"

我倾听着。我们都会有离开的一天。每个人情况不一样，但死亡终将到来。当我们不接受死亡的时候，痛苦也随之而来。伤痛真实不虚。我们想念离开的朋友，我想念我的学生。我们和伤痛搏斗并试图推开它、改变它，却只会更加痛苦。

这位学生已经深眠地下，在离我一百六十千米的远方。

把她挖出来，我想。

娜塔莉，她已经不在了。我对自己说。

我不接受。我抗议。

我可以尽情抵抗，但赤裸裸的真相就是，她已经死了。我越靠近真相，就越接近真正的痛苦。生命无常，我可以对这一切装聋作哑、抵抗、蔑视、朝它吐口水，但我终将回头直面现实——死亡。

这就像是冥想静心。你能看出来吗？人的意识、身体、情绪无时无刻不处于纷繁的流动中。可是当我直面真相，静下心来，试图探入事物本质的核心时，触碰到的是永恒的节奏：呼吸——或者像我的学生，停止呼吸。我发现，我将自己所有过度的反应沉淀下来，不过寥寥数字。面对无法改变的事实，我只会说"我难过""我想她"或"我不要"。

学生过世的那一周，我九十七岁高龄的邻居也离开了。我很不舍，但她毕竟年岁已高，去世也属正常。这就是我们对死亡的看法，好像只有人老了才会死。但我们并不知道自己将何时离开。意识到这一点，就会明白呼吸是多么重要。我们还活着，能够呼吸，真好。冥想中思绪不宁的时候，回到呼吸上来。

接下来我要和你说一件可怕的事情：我不喜欢狗。

我隔壁的两位邻居养了四只吉娃娃。狗妈妈生了三只狗宝宝，她们一只都舍不得送走。

它们从早到晚叫个不停，虽然不是每一天，但是小家伙们似乎非常沉迷于展示自己的歌喉。

我有两个选择：要么让自己像个火药库似的气个半死，要么接受现状。我选了后者。（不要寄希望于动物管理局或者警察，我住在加西亚街附近，我的所有邻居都姓加西亚。）冬天还好，门窗紧闭，小家伙们都在室内。但是春天一到，它们全冲进院子里，嘹亮的吠叫声随之涌入我的窗户。

每年从春天到秋天，我都得提醒自己：娜塔莉，你的存在并没有比别人更加重要。

"但是我很安静。"我反驳道，"起码我不打扰别人。"

我选择不去控制我无法控制的事情。（两位邻居人很好，她们经常会送来新钓的鳟鱼，她们不觉得小狗叫是噪声。隔着墙壁，我听得见她们和小狗们轻柔地说着话。）

当它们不停叫唤的时候，我深深地呼吸，并对自己说：娜塔莉，这也是你必须接受的事情。（我也不是圣人，我在卧室安装了一架电风扇来覆盖掉小狗的叫声。）

发觉自己有能力接受狗狗的吠叫，这件事给了我莫大的喜悦。奇怪的是，最近四天我都没有再听到一点声响。它们明明还在，可是噪声去了哪儿呢？

慢走

Slow Walking

　　我们开车两个小时去赫伦湖（Heron Lake）庆祝国庆，一路上，十一岁的米卡拉又给我出了一道谜语：如果我正在做我没有做的事情，我在做什么？

　　我的头脑再一次空白。

　　没过多久，米卡拉又一次迫不及待喊了出来：什么都没有！

　　噢，又来了。我建议干脆围绕"什么都没有"编一些谜语出来。

　　大家都想失去什么？什么都没有。我们喊出答案。

　　什么比一分钱还便宜？什么都没有。我们尖叫。

　　为了刺激大脑，有时候我会为谜语设置限制，比如和石油有关的、和种族有关的、和政治有关的、和犹太人有关的、和环保有关的。我们在车子里疯狂进行头脑风暴，扔出各种各样的谜语。当我们开车经过赫尔南德斯（Hernandez）干燥的山坡、阿比丘大坝（Abiquiu Dam）和幽灵牧场[1]的红色悬崖时，又有许多谜语蹦了出来：

如果你没有车也不需要石油，你要付多少油钱？

如果夏娃没有偷吃禁果，会怎样？

如果你拿到的是一个错误的电话号码，会怎样？

什么比一切更值钱？

希特勒怎么评价自己身上的犹太血统？

酒驾司机看到停止驾驶的标志时会做什么？

感恩节[2]的时候，美国原住民印第安人要感恩什么？

情人打电话给老婆的时候，男人会承认什么？

什么东西比一切更伟大？

止语的静修课堂上，你会说什么？

已经很饱的时候，你想吃什么？

这种游戏也可以用到练习上，它会创造出某种新的觉知。

当我和学生们练习的时候，基本准则是：走路的时候，注意力集中在脚底；坐着的时候，注意力集中在呼吸上；书写的时候，注意力集中在笔纸上。具体到慢走这一项练习来说，觉察你的右脚，抬起，落下；然后是左脚，抬起，落下。觉察你

1　幽灵牧场（Ghost Ranch），位于美国新墨西哥州中北部的静修和教育中心，是美国现代主义画家乔治娅·欧姬芙（Georgia O'Keeffe）的家和工作室，也是她许多画作的主题，作者在后文中亦有提及。

2　感恩节（Thanksgiving）是十七世纪登上美洲大陆的清教徒白人为感恩原住民印第安人帮助自己渡过难关而创立的节日。

的臀部的移动，膝盖的弯曲。你可以将双手舒适地垂落于两侧或者身体前后，手指扣在一起，眼睛低视前方。很简单，关键是放慢节奏，让世界重新回归到你身上。一直以来我们都在追逐外物，而慢走时，你将有机会接收来自世界的信息。

我是这样鼓励学生们的：如果一开始你不喜欢慢走，不要担心。练习的头十年里，我曾经很讨厌这个。如果你找不到脚踏实地的感觉，脱掉鞋子，练习在碎石路上走。慢走和有氧运动不一样，有什么"目标"是必须达到的？什么都没有！谜底呼之欲出。你没有非去不可的方向，没有必须完成的目标，你所要做的，就是把一只脚放到另一只脚前面。

但是有时候我们会变得像梦游，神思涣散，行尸走肉般行走。这时我会毫无征兆地发出指令：现在倒退着走。或者中途的时候，我会喊停。身体站直，手臂放在两侧，注意力回归脚上，感受它们是如何支撑你的身体的，全身的重量有没有偏到一只脚上。保持注意力，继续，去发现走路的时候你从来没有注意到的事。保持古老的好奇心，我们平日的"走路"到底是什么？去感受我们的脚掌从完全落地，到即将抬起，再度离地的时刻。

如何才能唤醒自己？通常人们觉得需要做些新鲜刺激的事情，比如跳伞、赛车、攀登珠穆朗玛峰，才能激活自己。其实，只要通过一点点矫正和调试就能让生活重焕活力，比如静坐、慢走、书写。就算你接下来要开启一趟巴哈马、中国或者马达加斯加的冒险旅行，我还是想告诉你，其实整个宇宙的活力和能量一直在身边等待着你，当下的每一刻都值得充分开掘。

　　当然，旅行确实是件美事。别忘了带上那些好习惯：静坐、慢走、书写，它们会让你的旅程变得更加愉悦。

　　你也可以有其他尝试，比如慢速行驶。在空旷的乡村大道上，试试看能把车开多慢。我第一次尝试是和一位作家朋友温迪·约翰逊（Wendy Johnson）开车行驶在陶斯的莫拉达路（Morada Lane）上。那时候鲍勃·迪伦的新专辑《被遗忘的时代》（*Time Out of Mind*）刚刚发布，我们把音乐声开得很大，车速减得很慢，可能一小时十六千米不到。在迪伦独特的嗓音和歌词中，感受轮胎在地面滚动。车窗摇下，微风吹拂，我们穿过空间。

　　如果我的父亲在场，他一定会说："荒唐胡闹。"

　　有时候做点荒唐之事也不错，但是请不要在高速公路上做。

什么是书写练习？

What Is Writing Practice ?

　　冥想的时候，老师教我们要超越紊乱的思绪和执着的念头，回到呼吸上来。这很重要，由此我们学习如何放手，不去控制。同时我也着迷于那些思绪，它们不仅仅是妄念或者无边际的胡思乱想，我觉得它们很有趣，我很好奇，也很惊喜：原来这就是我脑子里的东西啊。冥想如果仅仅只是调息，未免有些单薄，我仍然渴望着丰厚、灵动、不羁的体验。如果能跟随这些思绪，进入内心深处的拧结之处，并将其书写下来让自己释怀，岂不美哉！书写是冥想的完美补充。这些感受有时候丰厚，有时候轻盈，有时候精确明澈，有时候狂野奔放。光是想一想，自然是任何一种都不能放过。

　　接下来，是我想给你的书写建议：

第二，手不要停。

不论你是计划写十分钟、二十分钟还是一个小时，手不要停。当然不需要你一直激动地紧握住笔，但是请一直写。这是你穿越并感受自己那颗狂野之心的好机会，看看自己是如何思考、如何看待、如何感受这个世界的。请注意，不是去想你"应该"怎么思考、怎么看待、怎么感觉。不是必须描写浑身涂抹着黄油的性爱场面才叫狂野，也许最后你写的是面包、喉咙痛、你的指甲。不管是什么，它们都是活生生的、真实的。

就算你从未出过远门，很少脱下灰色西服，那颗狂野的心仍然在纷繁的思绪下跃动着，渴望着真正的联结，这是人类的天性。通过书写，去抵达它。

有可能你写了十分钟还没找到感觉。没关系。只要开始，只要愿意接纳内心的一切状态，不去刻意抵抗，最终你就会找到感觉。这是我在笔记本上书写时领会到的。

接下来还有一些建议，但最需要记住的就是：手不要停。练习会教会你一切，其他建议都是为了支持"如何让你的手不要停止书写"这一条的。

第二，允许自己写出最烂的东西。

必须大量练习，独一无二的"宝藏"才会在你的笔端显现。不论是在"真正的秘密"止语书写营，还是日常的练习中，我们都不是刻意寻找"宝藏"，而是借此接触并悦纳我们的内在世界。写下无聊的事，比如抱怨、暴力、焦虑、强迫、破坏、执着、羞耻、胆怯、懦弱等，是为了看清它们，和它们做朋友，因为它们本就是我们的一部分。接纳了，它们也就不再会统治我们。我们冥想时不逃避也不抗拒，生活中亦如此。书写让我们自身的每部分都显露出来。当我们不再紧绷，停止评判的时候，它们就是独一无二的"宝藏"。

第三，要精确。

不要写"汽车"，试着写"凯迪拉克"；不要写"马"，试着写帕洛米诺马（palomino）；不要只写水果，试着写"柑橘"。

如果你一时记不起某棵树的名字，不要停笔，先写"树"，之后你能查到它的名字叫美国梧桐。总之，一直写就对了。不要因为不知道某个事物的名字就责怪自己，对自己要怀有足够的善意，这样你才能源源不断地写出东西来。

第四，松弛，不要紧绷。

写你想写的，而不是写你觉得自己应该写的。

以上这些，应该能够帮助你稳稳驶过自己的心智之地了。

经由持续练习，人才能深耕。过程中你和自己的心灵建立起某种联结，接纳种种念头，不论它们是什么，你都将学会放下，这就是练习。

有人会问："可是要到什么时候才不再是练习，才能来真的，来一场真正的冠军赛？"

其实你知道答案是什么。练习不为其他，而是学会与我们当下的生命共处。

　　开始写吧，从崭新的一页纸开始——或者打开电脑——写下你脑海中的一切，写下你的生活 [1]。

1　原文为"Put your life on the line."，双关语，另一重意思为"拿生命冒险"。

入口：开启书写的关键

Entry: The Opening Point

我们这一生，日复一日地活着。生命易逝，但也不是分分钟都那么容易度过，尤其在沮丧、愠怒、萎靡不振的时刻。它们都是很棒的词，在这些缓慢的时刻，可能会发生一些事情，让我们有机会穿越快节奏的生活，抵达另一边。我们可以转身，带着好奇审视自己。所有事情的背后，都蕴藏着我们了解自身的渴望。虽然光是看我们的行为，看不出来这一点——再来一杯威士忌，早餐桌上不想听女儿说话，在限速三十二千米每小时的地方把车飙到六十千米每小时，急急地离开，匆匆地往家里赶。

书写、静坐、慢走的时候，灵光一闪，会出现那么一个时刻，我们坠入其中。从此那些不断抗拒、逃避、挣扎的事情变得舒展、透彻，甚至不再是问题，仅仅是它们本来的样子。

请留心这些小小的入口。

上个星期，我带完一期十二月的"真正的秘密"止语书写营，课程结束以后，我开始静坐。直到那个时刻，我才发现自己的身体原来已经累垮了。那种感觉很难受。每件窜进内心的小事都那么急迫，我知道它们不是真实的，但就是摆脱不掉紧张的状态。我始终无法进入宁静状态。第二天早上，我从左眼角听到一个声音：娜塔莉，这是生死大事。忽然，堵塞在心中的屏障消失了，肌肉也放松了。我回来了，没有什么事情非那么着急。

那个声音是什么？从何而来？如果你学习找寻那个开端，那个小小的入口，那部分没有迷失的自己——虽然被思绪迷惑住，却拒绝相信它们——你会找到一条路，走出困惑。

"生死大事"是什么意思？我一时没有明白。我无须担心父母的生死，他们已经去世，下一个是我自己。或者，无意识中我是在通过忙碌来抵抗死亡？希望赶在自己离世之前完成一切？谁知道呢。人类是有趣的生物，但我知道这四个字确实起作用了。

这些入口不能凭空制造，但是你可以感觉并且培育它们。如果从来都没有安静地坐下来，你甚至没有机会抵达深层次的自我。通过练习，通过让自我在场，我们便是向潜藏在深层的生命能量发出信息，告诉它，我们已经准备好了：请帮助我，请带我走出困境。

那个时刻，书写就是书写，静坐就是静坐，慢走就是慢走。那些覆盖在心头的厌倦、抵触、恐惧和怀疑的面纱被吹走了。坏脾气的娜塔莉和快乐的娜塔莉都消失了，只有如是诚实的当下。

这听上去很棒，但是需要努力。除了我们的日常烦恼、电脑、给车道铲雪、哪家面包店味道比较好、道琼斯指数、上周不知怎么胖了一斤等，我们还需要培养对其他事情的兴趣，比如书写。早餐麦片圈和快乐的周六之夜不能成为我们关注的全部。

现在我正在参加佛罗里达州的一个书写训练营，窗外就是大海。每天早上醒来，脑海中冒出的第一个念头就是穿上衣服，去海滩（幸亏一月份海水太冷，否则没有什么能阻止我下海）。多年来，我知道如果我的一天从打开笔记本写作开启，到一天结束的时候，我会更有满足感。可现在每天早上都有其他的冲动闯进脑子，我的决心不断受到挑战。

当然，我确实有抵制诱惑的小技巧：娜塔莉，如果现在坐到沙发上开始写，你就能得到巧克力加一杯冰可乐。瞬间，笔就到了我手上，立刻开始书写。今天坚持到第五天，巧克力已经不起作用。我唯一的机会是找到那个入口，关键的起点，只要抵达那里，我就能专注写作，忘记一切，包括冒着气泡的小甜水。

但是请忘记这套哄骗自己的小技巧。坐下来，允许脑中嗡嗡运转的小电流窜来窜去，相信只依靠自己，我们就能做得很好。昨天，就在写了几个小时以后，我抬起头，透过窗户看到一只海豚跃入大海。还是同样的位置，今天，刚刚写作的时候，它又出现了！我把这视为一种信息：继续写。不要忘记向周围的一切汲取力量，它们都能够成为你书写的动力。

　　如果我不在佛罗里达州，而是身处炎热潮湿的克利夫兰[1]、干燥的死亡谷[2]或者是已经三个月雨下个不停的西雅图，该怎么办？不管是怎样的环境，它们都是支持你写作的肥料——写就是了。不要羡慕佛罗里达州，佛罗里达州也有它的缺点——这里的蟑螂差不多有手掌那么大，我一起床它们就窜进柜子底。没有任何环境是完美的——你身处的地方就是完美的。

　　身为作家，我知道自己携带着一生的记忆，但是难就难在找到一个入口，一个切入点，能让记忆全然地呈现。这有点像在餐厅跟人聊天，我们早已习惯和固定的人聊固定的话题——和老朋友，你们会叙旧；和工作伙伴，你们会谈论公事；和孩子，你会教他恰当的礼仪。可是入口在哪儿？生活的变化在哪里？和一位不太熟的男性吃饭也许是个突破。他是个不错的倾听者。忽然，一个话题开启，你和他聊起童年的夏日。那时候你三岁，全家一起烧烤，蒲公英、门廊、蚂蚁、蜘蛛，还有你从父亲心爱的合欢树上捉下来的日本甲虫。你觉得你爱眼前的男人，但是请等一等，你爱的是你自己。因为他的倾听，让你找回了你自己。

　　我一位学生的父亲，如今已经去世，他曾经在二十世纪

1　克利夫兰（Cleveland），美国俄亥俄州城市。
2　死亡谷（Valley of the Dead），美国加利福尼亚州的沙漠谷地，是北美最为干旱的地区之一。

七十年代为《纽约客》杂志画封面。在我看来这是很大的成就。我喜欢《纽约客》的封面——怪诞的、热门的、轻快的、滑稽的，有时是尖锐的，总是处在时代潮流的中心。这份工作足以养家，但是她的父亲并不想只为杂志画封面，他的梦想是成为真正的画家，一位艺术家。

也许你正做着一份不错的工作，却有另外的事情在召唤你。我六十三岁了，有许许多多回忆，我想唤醒它们并慢慢体会，但是至今没有找到某种形式、方法和入口将它们写出来。那些记忆将随着我离开这个世界而消失，虽然我不想。与时间的赛跑已经开始，而我所去的地方，不过和所有人一样——一头扎进坟墓。我告诉自己不必着急，一路上会有紫丁香等待我们欣赏细嗅，我们会找到一个入口，细细诉说记忆的故事：我们复杂的爱情生活；在电影院吃爆米花；凌晨三点的雨夹雪；铁轨上的漫步；二十四岁在旧金山的公寓里遇到一位叫作劳克林·勒内德的女孩正在读《白鲸》，虽然我没读过，但我们产生了联结。还有一些重要的事情，要如何描述它们呢？长期或短期交往过的恋人，他们被你触碰的耳朵、腿和肚子；曾有好几个星期你孤独地散步，却无法向任何人诉说；某个月你感到异常幸福，却毫无原因；想去又没有去成的旅行——印度、中国、尼泊尔、越南——从未到过这些地方，你是什么感觉？当失望和辜负一齐涌来，你的眼睛、手和嘴唇感觉如何？

如果你絮絮叨叨诉说这一切，没人愿意听，就像不合时宜的聊天一样。你必须找到正确的契机，找到进入内在世界的入口，用一种人们愿意倾听的方式，讲述你的记忆。

"嘿，你想听听我还是小男孩时候的事情吗？"

"不好意思，刚想起来，我得去买点面包了，走啦。"

"你不是小麦粉过敏吗？"

"现在不了。"你火速离开现场。

让我们换一种方式。

"我想起威利·梅斯——你认识他对不对？他影响了我整个童年，几乎从八岁到十二岁。"

这样如何？

发现了吗？对话需要一个角度，一个能够引发好奇的点，一个助推。

把你想写的事情列一张清单。你能找到怎样的角度来切入？你能用什么方式让昨天的面包，无论烤焦没有，都变成一个有意义的东西？

必须说，你可能永远不会有机会这样书写。就像那个画《纽约客》封面的男人，他没有画出一幅所谓的"艺术品"，但是我打赌他的生命因为那份热望而丰富，备受滋养。

有时候我每天静坐冥想，却一直找不到入口。但是静坐确实丰富了我的生活。不管怎样，世界已经向我敞开，只不过不是用我以为的方式而已。它没有满足我的想法，却丰富了我的人生。想想吧，这个过程很美妙。

重大时刻

A Moment

　　能说出一个对你而言至关重要的时刻吗？从那一刻起，你看待事物的角度就不一样了。不是这种——中彩票赢了一万美金，或者独自在森林迷路，身上却一点吃的也没有，而是某个安静的时刻，你整个人的觉知都改变了。

　　如果你像我一样，那么你生命中这样的时刻并不多。但是，一旦遇到我会紧紧抓住。其中一个时刻，是我找到自己毕生的事业——将书写和探索心灵结合起来。当时我二十三岁，全然不知这个念头会将自己带往何方。虽然一直忠诚于这个理想并不容易，但是我很感激。

　　在乌帕亚禅学中心，我请学生们分享一个对自己非常重要的时刻。一位名叫迈克尔·斯万博格的学生告诉了我他的故事：他曾在布基纳法索 [1]（以前叫上沃尔特共和国）的和平部队担任护士。当地只有男孩才能念书，小女孩们的任务是每天早上去水井边给全家打水。迈克尔站在水井旁边，手里拿着一块黑板，每天在上面写一个字母，这就是女孩们在排队打水的时间里能够学到的所有知识。第十八天，当他教完字母 R 时，米里亚姆（Miriam），一个十岁的小女孩，终于能拼出她自己的名字。他见证了那一刻，当米里亚姆在黑板上写出 M-I-R-I-A-M 时，她的眼睛里出现了一束光，仿佛永远不会熄灭。那个时刻，所有的事情都有了意义。她是第一个拼出自己名字的女孩——因为很多女孩的名字，比如宾图（Bintou）或者曾纳布（Zenabou），必须等待很久才能学完所有字母。

伴随迈克尔的讲述，我想象着"米里亚姆"这个名字从无形的气息，渐渐凝聚成书写出来的名字。那个时刻，顿悟发生了。小女孩头脑中的神经元彼此相触，语言词汇的扩展带来全新的思维和全新的觉知——云彩、太阳和树梢再也不遥远，经由指尖的拼写，她和世界的沟通被重新建立。

迈克尔提到米里亚姆，是为了说明他自己的时刻。"当时我是个护士，本来想开一家诊所，但是那一刻我明白教育可以成就一个人，教育比护理工作更重要，它是决定人一生的基石。于是我在那个村子里办了一所女子学校。"

"你离开以后呢？"我问。

"我回到美国，在哥伦比亚大学拿到教育硕士学位，现在

---

1 布基纳法索（Burkina Faso），非洲最穷困的国家之一。原为法属殖民地，1960 年独立，成立上沃尔特共和国（Haute-Volta），1984 年改为现名。

在弗吉尼亚州立大学教书。我找到了真正的事业。"

很多年前，我的朋友芭芭拉·施密茨告诉我，她十九岁时就天真烂漫地结婚了。当她走上红毯的时候，忽然整个教堂都变得明亮，那个时刻她明白自己的选择是对的。十九岁的时候，我们能知道什么？大家都是在恋爱中冒险。但那个瞬间她的直觉是对的，虽然她的丈夫鲍勃是个有些狂野的男人，常常在凌晨三点叫她起床一块儿看电视。他们住在内布拉斯加州的小镇上，圣诞节来临时，他会在隔壁空地上挂起高高的闪光灯，上面显示着"愿众生安宁喜乐"的字样，旁边挂着一个大大的披着翅膀的心形霓虹灯。邻居们惊骇不已，因为他把佛教的箴言和苏非派[1]的标志符号混在一起。这是什么意思？这到底算什么宗教？邻居们无法理解。但是她的直觉没错，幸福的婚姻持续了将近五十年。

著名男低音歌手托尼·班奈特[2]坦言，很多年前他曾经嗑药成瘾。那时候他和伍迪·艾伦（Woody Allen）的经纪人杰克·罗林斯（Jack Rollins）谈过，罗林斯认识兰尼·布鲁斯[3]，他告诉班奈特："布鲁斯一手毁了自己的才华。"这句话改变了班奈特的人生，后来他戒了瘾，走上完全不同的道路。

重要的是信任这些时刻，让它们启迪我们的生活。有时

1　苏非派（al-Tasawwuf），又叫作苏非主义，伊斯兰教派别之一，以神秘主义和禁欲主义为主要特点。

2　托尼·班奈特（Tony Bennett，1926—2023），美国歌手。

3　兰尼·布鲁斯（Lenny Bruce，1925—1966），美国男演员、作家、编剧，死于过量吸食毒品。

候我们遇到那个寂静明澈的时刻，入口已打开，但我们却拒绝了它。"噢，这么做太傻了。""我做不到。""我不能那样生活。"有何不可呢？这些时刻是一隙灵光，是一种洞见，帮我们穿越日常的困惑，抵达明澈之境。多么美妙。为什么不遵从它们的召唤，反而要听从一大堆杂音——我该去商店了，我应该买辆车了，我应该去看看有什么最新的电影，我需要一件新泳衣，我看起来太胖，我没有朋友，等等？我们为什么要追随这些念头生活，仿佛它们才是真理？

要不然，我们就走到另外一端——将那些时刻神化，一遍遍地重述，于是它们变成外在的经验，无法真正对我们的生活有所助益。请不要这样。我们足够勇敢，足够明智，足够有能力来直面这些洞见，让它们作用于我们的生命。

现在，回头看看你的人生，将这些关键性的时刻写下来。问问自己：你是如何面对每一个时刻的？哪些被你忽略掉了？现在可以接受它们了吗？

幸福

Happiness

过去的三周半我一直卧病在床，我可以用"流感"二字概括一切，但这样未免过于简单了。

我的双眼充血——医生说是结膜炎。"那难道不是小孩子才会得的吗？"我问道。早上起来，我的眼皮被黏液粘到一块儿了。

我的嘴巴里长了脓疱，喉咙里咳出绿色的痰。我的耳朵嗡嗡作响，听到的声音仿佛从水底传来。

要继续往下写吗？为什么觉得有必要写出这些细节呢？这三个星期里我读了谷崎润一郎[1]的《细雪》，这本书很厚，情节缓慢，却非常精彩，几乎写到所有事情，包括主人公的感冒、过敏、被虫子叮咬、肠道问题等许多细节。阅读到这些的时

1　谷崎润一郎（1886—1965），日本作家。

候，我没有觉得难为情或者退缩。我们是人，是肉身之躯，生病是自然现象，是生命的一部分。

我必须承认，当读到第530页，也是最后一页的时候，最后一行文字打动了我。书中写到的第三个妹妹——全书最强的叙事动力之一——终于要结婚了。结尾是这样写的："这一天，雪子腹泻始终没好，在去东京的火车上还在继续拉肚子。"到此，全书结束。

我们看到一个女人在她三十岁的年纪——在二十世纪中叶的日本，这个年纪结婚绝对算是晚婚——带着迟疑却又生机勃勃地奔赴她的命运。她全身心投入，紧张，甚至不适到战栗。请不要太保守，你会喜欢这种表达，光是这一幕描述中的诚实就会打动你。没人会告诉我们这些事，应该感激作者如此诚实。

卧床养病的时间里，我还读完了乔纳森·弗兰岑[1]的《自由》（*Freedom*）、劳拉·希伦布兰德[2]的《坚不可摧》（*Unbroken*）和T.C.博伊尔[3]的《玉米饼帷幕》（*The Tortilla Curtain*）。我读书速度不快，但三个星期着实是不短的时间。有时候我会抬头望向窗外，清新的早春带着干爽气息，一笔一画缓缓描绘着远处的柳树和近旁的紫丁香。有时候我会停下来打喷嚏、咳嗽、擤鼻子、喝一口茶。

朋友打电话过来表达关心。对，这一回病得还挺重，看来

1　乔纳森·弗兰岑（Jonathan Franzen, 1959—），美国作家。

2　劳拉·希伦布兰德（Laura Hillenbrand, 1967—），美国女作家、编剧。

3　T. C. 博伊尔（T. C. Boyle, 1948—），美国作家。

得有一段时间在床上歇着了——挂掉电话，我又马上回到书中的世界。

事实上，我很幸福，很久没这么幸福了。我知道一旦精力恢复，我又会热情地投入工作生活中。幸运的是我喜欢自己大部分的工作。但是经过这次卧床，我意识到热情和幸福不是一回事。你不做什么才能幸福，幸福是靠感受得来的，就像地下水源，我们只能静静地取水，让它流淌而过。一口动荡喷溅的水井永远打不出水来。

我们常常将成功、欲望、野心甚至心爱的事物误解为幸福。大部分的生活中，我很少去觉察自己是否幸福，总是忙于追逐——捍卫、创建、发展、斗争、维护、争辩，在忙乱中积极活跃地参与着一切。我们的社会强调权力、强势、个人主义，人因战斗变得强韧，获得成就。反之，假如承认这一切的实质不过是痛苦、徒劳和破坏，我们为什么还要不断参与其中？

但是幸福从何而来？在施与受之间，在内在和外在的相遇之际。这不就和读一本好书带来的体验一样吗？顿悟同样也是一种相遇，是内在和外在触碰的反应。人不是在真空中苏醒。佛祖抬头，看到晨星，才顿悟空性。你不可能在闭塞的空间里安然自适。与自我好好相处，就是与全世界好好相处，就是与不停流转的万事万物——树、奶酪片，与广阔悲怆的政治变迁好好相处。

幸福中蕴藏着平和。但我们的社会很少倡导平和——人和人、人和环境和谐相处；冲突发生的时候用无害的方式解决；时时刻刻顾及伙伴情谊，关怀他者，消除敌对等。我们将平和状态称为"喘息之机"（a breathing spell）[1]，感受我们的吸入和呼出，回归单纯的"人"的状态。佛祖说，平和是最高级别的良善。所有人都知道佛祖极具智慧，但是我很少看到人们真正地重视平和。

生病的时候，我的节奏完全停摆，没有能量参与任何活动，没办法处理日常生活中的上百个细节。我不是说病恹恹是最理想的状态，但是前一天晚上当我为了某件事情发火的时候，我知道自己的身体快要恢复了。焦虑、忧心开始复苏，意味着我即将返归苍白的人类生活。那一刻，我的幸福去了哪儿？我和身体失去了联结，和接纳、耐性的核心失去了联结，和幸福宁静的根基失去了联结。

第二天我努力下床，来到隔壁房间，盘腿静坐了半小时，希望用调息稳定乱跑的思绪，回到当下，找回如此轻易就会失去的满足感。

我常常对学生们说："不要忽视眼前的一切，你渴望的东西不在远方。"

我静坐着，很长一段时间，我陷入了对奥斯维辛集中营的回忆，去年夏天我在那儿冥想了五天。接着我想起后院里的堆肥该翻一翻了，想到该买一些燕麦了。思绪没有地位的高低之分，瞬间就可以从严肃的议题跳转到平凡的琐事。接着，

---

1 breath spell 有紧张间隙的喘息机会、短暂的休息等含义。作者在这里也取用了该词的字面含义。

"咔嚓"一下，我又回归自身。如果我想拥有幸福，就必须了解什么是幸福，然后时时刻刻地努力靠近幸福。我不可能一直躺在病床上来获得幸福。身体健康的时候，我也应该如此承诺自己。

我很喜欢简洁高深的禅宗公案（Zen Koans）[1]——中国先祖流传下来的教义，因为他们也将疾病看作是解释古老自然的重要一环。

伟大的马祖禅师[2]身体不适。寺院住持来到他的房间，关切询问："您的健康怎么样？身体感觉如何？"

马祖禅师回答："日面佛，月面佛。"[3]

我们可以尽情猜测这句话的意思，重要的是明白疾病也是我们通达平和、领悟和幸福的一部分。事物和事物之间绝不是彼此割裂的。

可是坐在牙医诊椅上，要怎么和"满足感"保持联结？听新闻的时候，要怎么保持平和的心态？其实有时候，幸福就位于那些伤心事的核心。

我有一位朋友才三十多岁，丈夫就过世了，这种痛苦对她而言来得太早了。但是她的心理医生对她说："品尝你的苦痛吧，因为当它消失的时候，你会想念它的。"你能想象吗？不

1　禅宗公案（Zen Koans），公案原指官府的案牍，即法律命令。禅宗运用它专指前辈祖师的言行范例，公案即是对禅宗祖师言行范例所做的总结和归纳。

2　马祖道一（709—788），唐代高僧，禅宗主要宗派洪州宗的祖师。

3　该典故出自《碧岩录》，马祖道一禅师借该语显示断绝寿命长短与生灭来去之相，以契当本具之佛性。

论你的生活中发生什么，不论你的心是何感觉，重要的是要一直处在生命的核心之中。

我的意思不是说幸福有方法可求，而是说，一颗经过训练的心遇到状况，会懂得分辨与校验，而不是直接崩溃：如果卧病在床，或许也是一次机会；如果与伴侣不和，不要纠缠于两人表面的争执，往深处看——你会发现，也许很多年前这段关系就死了，你只是选择忽视，还在执着地抓住过去的感觉。也许你们的关系还会生根，也许再也不会。

上大学的时候，唯一让我感兴趣的课程是哲学系的伦理学。我们读笛卡尔（Descartes）、柏格森（Bergson）、詹姆斯（James）、康德（Kant）和苏格拉底（Socrates），总之就是西方文化中已经去世的那一拨白人男性哲学家。他们的每篇文章都在探讨幸福问题：什么是幸福？怎么获得幸福？

当我跟随日本禅师学习时，他说："不管你做什么，都要法喜充满。"他抬起浓黑的眉毛，带着包容一切的神情，仿佛在说："是的，娜塔莉，你也可以做到。"那时候的我三十一岁。没有人能将"幸福"盛在盘子里，或者放在杯垫上直接递给你，尤其是当我们不知道幸福为何物的时候。我们能做的，是仔细地注意、辨识、校验。我们可以做到既拥有幸福、宁静，同时也保持欢欣、乐趣、快慰、愤怒和攻击性吗？我们要如何持久地与自己相处？

不可思议的是，最终我又在床上多待了两周——整整五个星期，漫长的一段时间。我的耳咽管发炎，血液不流通，导致头涨得厉害。

到星期三，我终于恢复到可以出门，于是急急忙忙地投入生活之中，简直太傻了——我至少一口气干了三十件事情，包括晚上出门一趟见了朋友们。我尽情享受着一切，直到深夜入眠的前一刻，我问自己：你感到幸福吗？

答案来得很快：只有在后院里栽种番茄和草莓的那半个小时，我是幸福的。

于是第二天早上，当我醒来时，一个臭脸拉得长长的"陌生人"——孤独，坐在我的身旁。当然，我以前也感受过孤独，但这次"孤独先生"的目光格外尖锐。我知道自己失去了天堂——躺在床上的那段宁静时光。

接下来的几天，我在不同的时刻问自己：你感到幸福吗？一头扎进忙碌的生活以后，我不知道如何才能重新找回幸福，不管怎么做都办不到。直到大病痊愈七天以后，我站在银行长长的办事队列里，像一只猎犬或者负鼠，毫无由来地，我忽然感到幸福，心中的小铃铛"丁零零"响了起来。办完事，我坐进车里，问自己：刚刚发生什么了？我做什么了？我几乎像爱情小说里写的那样"被幸福击中"，但是我分明没有陷入爱河，我只是沉浸在生活的河流里。

今天早晨，当我穿好衣服出门时，心情很郁闷，因为我的过敏症又犯了。五月份的热风和持续的干旱让我的皮肤干裂。我又一次问自己：此刻你幸福吗？——时刻询问自己，也算是一种提醒。我听到自己低沉地抱怨：不幸福！但是我选择不相信它，于是内心筑起的那一堵厚厚的防御墙倒下了一些。痛苦之中也蕴含着幸福，我提醒自己。接着幸福像泡泡一样开始冒出来，清澈饱满，毫无原因。

其实也有原因，因为我密切关注它。这么多年，幸福一直在那儿等待我去发现。《独立宣言》说，人拥有幸福的权利，但是我们却忘记追求幸福。实际上幸福不能靠"追"得来，你得注意它，这样它才会发生。相反，我们总是在疯狂地追逐幸福，花钱买各种东西，或者任由仇恨、偏见和僵化的思想制造种种痛苦。

幸福很害羞，它得知道你是真的需要它。就像我们追寻书写一样，你写出真实的自己，那么更多的真实就会接连冒出来。你不能贪心、麻木或者无知。只要你善意地关注那个名叫"幸福"的羞涩女孩，她就会朝你走来。你不需要像我一样，通过大病一场才能遇到她。

一些决心

Some Determination

"真正的秘密"书写营要求止语，通常我会在打坐的垫子旁放一只小碗，用来收集学生们的留言或者问题。大多数时候他们会选择匿名，把心里的想法写在纸上，叠起来放在碗里。

有时候我会提前抵达禅堂，翻翻这些纸条，读一读。有些纸条上的内容会触发我开启一场谈话或者一次书写。

那是八月的一个星期二，我打开一张纸条，上面的内容让我忍不住笑出来，用铅笔写的几个大字：无所谓（NEVER MIND）。你能想象写字的人当时所有的内心活动吗？往前的冲动、执着、挣扎，最后放手。那张小纸条被我放进钱夹。整个宇宙不就包含于这三个字之中吗？无所谓。

今天下午，又有一张纸条从我的笔记本里掉出来，这是五个月前的一次书写营的学生写的，纸条上面写道：心里渴望一件事，又不想把它变成痛苦的任务或者义务，该怎么办？

这是个好问题，不是吗？生活中经常如此——我们想静坐、冥想、书写、跑步。想做的事情越来越多，反而变成一场纠结的战争："我想……""我不想……""如果做不到我会对自己很失望。""这个念头真傻，我其实也没那么想啦。""我觉得自己不行。"

但是这些念头不是真的。一些种子、渴望和梦想是真实存在的，有一天在我们浩瀚无涯、瞬息万变的思绪中，它们被唤醒了。我们努力灌溉它们，不知为何却用错了方法。就像我的学生写的，当这些渴望变成不得不做的事情时，我们反而和它们失去了深层的联结。

怎样才能和它们保持联结呢？首先我们要在心里承认它们是我们真正想要的，然后我们朝着它们而去。有时候会失败，会经历一周、一个月、一年甚至十年。但是我们一定会回来找到它们，像飞蛾寻到那团火。生活不是线性的，我们会迷失，也会找回方向。耐心很重要，要允许自己犯错。蜕变不是在一朝一夕之间发生的。

我有一位亲密的朋友，修习禅宗很多年了。就算没有人一起，她还是会独自每天在禅堂静坐冥想。这种修行维持了十年，然后反噬了她——她再也无法忍受靠近禅堂或者坐垫。她被自己的执着烫伤了。

整整十年，只要一想起静坐冥想，她就觉得恶心。

这个月她搬家，我前去探望，发现她把其中一间房布置成了禅修打坐的空间。

"嗯？你又开始静坐了？"我问她。

一丝微笑从她的脸上浮现："一点点，只有在临睡前打坐一小会儿。"

无法忍受静坐的那十年是不是也是她练习的一部分呢？她是在通过新的方式来重新激活对静坐的渴望吗？也许，因为热度还在，尽管她不喜欢静坐，但她和它之间仍然有联结，并受到它的召唤。能量还在，也许让你不舒服，但是在日常生活的表象之下，它一直在发挥着作用。

可是如果用酗酒等方式来麻痹内心的挣扎，你就真的迷失了，与你真正的渴望切断了联系。其实在挣扎，在"应该做""待办事项"这些东西里，存在某种迹象和方向，有你想要的某些东西。

有时候我们来到禅堂，但是没有热情。没有心，练习就是死的，还不如出门去街上喝一大杯浓浓的奶昔或者吃个苹果。

伯尼·格拉斯曼[1]五十五岁生日当天，给自己在华盛顿特区国会大厦的台阶上举办了一场持续五天的露天聚会。那五天是华盛顿特区历史上最冷的五天。裹着毯子和外套，他每天在台阶上静坐，思考着同一个问题：我能为这个国家的无家可归者、艾滋病和暴力问题做些什么？他禅修多年，但是对这些严重的社会问题还是没有答案。有时候会有十五个人加入，陪他一起静坐；有时候人数更多。他和朋友们一起沉思这个问题。五天过去，他心中有了答案，他决定创立禅宗和平使团（Zen Peacemakers Order）。

1　伯尼·格拉斯曼（Bernie Glassman, 1939—2018），美国佛教徒、禅修者、社会活动家。

这是一个美丽的故事，也是一个好案例。伯尼·格拉斯曼的决心没有被散乱的思绪干扰，他也没有忘记自己是谁，使命是什么。

关键是要实践，埋头去做。抓住那些对你而言重要的事情——那些你一直以来都放不下的东西，这样比较容易成功。就算暂时失去方向，也可以找到回来的路。一次次来回，反复之间便加强了你的练习。如何才能练就这样的心志？要有耐性。

否则，你的人生只如水上的小虫，永远在表面滑行，进入不了生命隐秘而内在的核心。你一定不想那样活着。你想要成为自己，练习就是找到自己的方式。

何为练习？

What Is Practice ?

　　我一天到晚提"练习"这个词，学生们频频点头。但是很快，我们会发现对于不同的人来说，"练习"有着不同的含义。

　　有一次为期一年的课程，大家每隔三个月聚在一起，展开一星期的静修和书写。上课第一天，我让所有人选一种能够坚持一整年的练习。一周以后，大家纷纷亮出各自的答案：戒掉油炸食物，减掉十一千克；每天坚持跑八千米，跑出肌肉；每天静坐一小时，书写一小时，最后完成一本小说。总的来看都大同小异：充满成就感，信心满满，毫不懈怠。

　　轮到我的时候，答案简直微不足道：每天静坐二十分钟，每周坚持五天。

　　当时我可以组织大家就这些练习展开讨论，但是我决定静待结果。

　　三个月以后的春天，我们再次相聚。课程第一天的晚上，吃完晚饭，我问大家进展如何。

有些人憨笑着摇摇头。

"不太顺利？是时候调整你们的练习计划了，不过先让我们谈一谈到底什么是练习。"我说。

为什么我没有在一开始就否定他们不切实际的目标呢？因为我知道他们听不进去——好吧，他们会听话，毕竟都是我亲爱的学生，但不会真的把我的建议放到心上。挣扎和失败是必经之路，落差感会让人醒悟，明白自己不是全能的，这时候你反而会学到很多东西。尤其西方社会，讲求野心、成效、钻营，人们很难听见来自背面的声音，我们只关注眼前的事情、进展和目标。失败能让我们脚踏实地，将目光转离自身，看到更多的事物，甚至不惜去使用那个我们一直排斥的字眼：请帮帮我（help）。

四月初的课堂上，外面春风徐徐，白杨树枝开始零零星星冒出些许淡绿，我们探讨了"练习"的真正含义。练习不是"熟能生巧"的意思。练习，是规律地做你选择的事情，但是不去预设结果；练习的目标不是改进自己，不是必须去到哪里。你做，只是因为你要做；不管你想还是不想，采取行动就是。当然，一开始的时候，也许是"为爱发电"，但是一周、一个月过去了，你会开始抗拒，即便那是你由衷热爱的，惰性和各种障碍也会出现："我为什么不花点时间干别的？""我好累。""我饿了。""坚持下去有什么意义？""我得去听晚间新闻了。"在这些时刻，我们恰恰有机会直面自己的心，看看它在做什么，要什么小把戏。这才是练习的真正意义所在：前前后后观察自己。长时间坚持做一件事情，不去思考这件事是好是坏，是得是失，过程中没有掌声，也没有批评。只是坚持去做，看看最后会发生什么。

我告诉学生："所以你需要花点时间先思考你的练习，因为一旦定下来，便是持久的承诺。要合乎实际，得是有可能实现的目标。"

我选择每星期静坐五天，因为我知道自己适合有弹性的计划，有时候我会"逃课"。如果可以每天在固定的时间和地点坚持，当然很好，但是这在当代生活中很难实现。所以我尽量简化这项计划：每周五天，每次二十分钟，不做其他限定。如果这一周已经有两天没有静坐，今天又已经是星期天——本周最后一天——还是晚上十一点，那么就算已经很疲惫，我还是会坚持静坐二十分钟。也许过程中会打小一会儿盹，起码还是坚持做了。

你可能会问，何苦呢？直接上床睡觉不是简单得多？

不，持久的练习表示了你的决心，它是一种信号，对你的潜意识，对你内心深处的抵抗发出信息：你是认真的（这时心里抵抗的吼声会更大，你就吼回去）。坚持一段时间，这种练习会生出强劲的马达，你内心深处"非个人"的意志出现了。它将不加保留地强化并且支持你投入生命，不是因为什么特别原因，不是因为你是好人或坏人，或值得或善良或成功，而是因为你与一棵小草、一声雷鸣或者一朵白云无异，因为你活生生地活着。

去年有人送了我一株牡丹，我把它插在厨房的水瓶里。不论早晨或者晚上，我走进厨房，它都在怒放，不为任何人，没有特别原因。盛开，是它活着就会做的事情。

练习会让我们身体内的力量苏醒，但也不是毫无阻力。我们必须忽略逻辑、脑子找的借口以及强烈的抗拒。练习可以建立真正的自信，这是外在的成功比如名声、金钱、美貌等都无法带来的。这种信心来自你一再地兑现对自己的承诺，你做到了你说要做的事情，那是你的生命被赋予的事情，也许你错过了几次，搞砸了几次，但是你仍然把控着方向盘一路前行。哪怕有几次没有做到，这也是练习的一部分。你可以留意自己的缺席，不必那么僵化，要培养出一颗柔软灵活的心，不要惩罚自己，也不要因为有那么一两次没有静坐、跑步、书写或者节食，就直接放弃整个计划。

节食的人不就常常这样吗？一顿没有坚持，就完全放弃。因为节食是一项以目标为导向的练习——必须减掉十一千克，没做到就是失败。我们狠捶自己的肚子，跟自己过不去；我们不满意自己，想成为另外一个人，甚至从一开始就讨厌自己。这样很糟糕，愤恨只会导致更多的愤恨。

要如何把节食变成有效的练习呢？吃得健康一些？这种定义太含糊了。每天至少吃三次蔬果？戒掉甜食？每天喝八大杯水，每周坚持五天？我不知道适合你的计划是什么。但是有时候我们可以"倒过来"去达成目标，减肥也许会成为另外一项练习——觉知练习的自然结果。

上一次我们举办的止语书写营主题叫"深而慢：修行之

道"，课程最后一天的下午，止语解除，我们在房间里分享这一年以来的经验。

我的学生布兰达，微笑着说："你们注意到我掉了十三千克吗？"

没有，我们都摇头。

她的练习不是每天书写吗？我心里想。

"我确实轻了十三千克。对我而言，静修是一种新鲜的体验，安安静静，再也不着急忙慌，时间好像也变多了——于是我开始觉察身边的事情。去年冬天上完课，回家第二天早上，吃早餐的时候我对自己说：'布兰达，你不需要吃得像是没有明天了似的。一会儿还有午餐，午餐过后还有晚餐，你可以放轻松。'

"然后我开始留心身边的瘦人们盘子里的食物，他们拿的食物绝对比我少。我一直观察苗条的人是怎样吃东西的，然后模仿他们。我猜这才是我这一年真正的练习。"

"如果你选择了一种练习，但是不确定它是否适合你，怎么办？"课堂上的一名新生问。

除非亲身尝试，否则你又怎么知道它适不适合你呢？

今年开春的新一期书写营中，大家更加现实地审视自己的选择。有些练习听上去似乎很平凡，不够英雄主义，不算雄心大志，但是请让我告诉你，在我们疯狂的大脑里，只要你能够超越杂乱无章的思绪，克服抵触情绪，直面你的选择并坚持下去，你就能拥有勇敢、坚定、无畏的王者之心了。

练习的时候，我建议大家使用笔记本，随身携带并且记录自己的练习过程。我向他们展示了自己最近三个月的记录。这是很久以前朋友送给我的一本活页簿，小巧轻便，香蕉纤维的纸质，桃色封面。

里面的记录如下：

三月五日——跳过（第一天本应该是个好开始，但我没有完成）

三月六日——7:30—7:50

三月七日——7:25—7:45，独自在云山禅修中心（Mountain Cloud）静坐

三月八日——6:25—6:55，静坐半小时，全程放松

三月九日——周五，在帕洛阿尔托市的一条溪流边静坐

三月十日——和温迪在米尔山谷图书馆外静坐二十分钟，面朝索萨利托镇的大海

三月十一日——和比尔·爱迪森、米歇尔一起在金门公园的地上静坐，大雾

三月十二日——跳过。旅行回家的途中

三月十三日——早上静坐

三月十四日——更年期反应严重，以平躺冥想的方式代替静坐，从 2:30 到 2:50

三月十五日——早晨在家中的工作室静坐，冥想抵达意识的深处，我感应到了希宾矿区小镇上的 B.J. 罗尔夫岑[1]

三月十六日——躺着做冥想练习，很疲惫

1　B. J. 罗尔夫岑（B. J. Rolfzen），歌手鲍勃·迪伦的高中英语老师、文学启蒙者之一，也是本书作者的朋友。

回头看，才发现我竟然把朋友也拉过来加入练习。我没有做任何评价，诸如练习的效果好还是不好。不管是在旅行还是身体不适，我都在坚持，只不过有时候是躺着练习。整个过程没有负担感。我不会想："以我的修行经验，干吗要选这么轻松的练习？"但是我确实有自己的规矩：每周五天，每次二十分钟。我还有一个做记录的笔记本。就这样，随时开始。

记录有助于我坚持练习：

四月二日——跳过，和乔安·哈利法克斯去了幽灵牧场

补充说明一下，以免大家困惑，在圣菲有两位女禅师，都叫乔安，一位姓哈利法克斯，一位姓萨瑟兰德，两位都住在我家对面。她们都会在本书中被提及。哈利法克斯是乌帕亚禅学中心的住持。萨瑟兰德是觉醒生活禅修中心（Awakened Life）的禅师，她每周在那里举办沙龙讨论禅宗公案，我经常参加。圣菲不大，人口才六万，但是乔安似乎是个很普通的名字。圣菲的桂冠诗人叫乔安·洛克（Joan Logghe），往南九十六千米的城市阿尔伯克基（Albuquerque）还有位禅师叫乔安·里克（Joan Rieck）。

误会也会由此而生。有一次萨瑟兰德来我家拜访，正好另一位朋友也来了，我介绍两人认识，但只说了名，没提姓。随后三个人聊了四十五分钟。

第二天，我的朋友打电话过来："我没有想到乔安·哈利法克斯竟然是那样的。"

"你想得没错，那确实不是她，你昨天见到的是乔安·萨

瑟兰德。"

乔安有一次得了轻度肺炎，我还拖着她去爬山，一直说服她这条山路很好走。很明显，这片干涸的峡谷刚遭遇过暴雨的肆虐，路上整棵大树被连根拔起。我们的头顶仍然聚集着乌云，暴雨随时将至。"得往高处走，找到一条安全的逃生路线。"她重复着。"噢，再往前走走嘛，这是我最喜欢的一条路了。"我说。当头顶又传来一声清脆的崩裂声时，她飞快冲上了陡峭的岩壁（即使得了肺炎，这个女子还是身手矫捷）。

四月三日——早上五点静坐，雨下了一整夜

四月四日——跳过

四月五日——跳过

四月六日——跳过

虽然有几天没有完成，不管怎样，这份记录始终帮助我维持我的练习。它们不是空白，不带羞耻，只是客观地记录"跳过"。我仍然与我的练习处于联结之中。

很多时候我们并不清楚自己要去往何处，只是出于惯性的驱使，而练习可以打破这一点。它会帮助我们抵达一个固定、安稳的地方，就算我们的其他部分，乃至整个社会仍在高喊着："要取得成就！"

我们会有所"成就"，如果这么说能让你开心的话——你的成就是理解了"练习"的真谛，它让你的人生安稳，让生活变得真实，构建一个很好的基础。不是表面的"安好幸福"，而是"存在的基础",这是一个很大的空间,你找到它,夯实了它,多好!

关于练习的讨论过后,学生贝丝将她的练习换成了每天写一首俳句[1]。一个月以后,她的儿子就将被派往伊拉克战场,她担心又难过。但是你能想象吗?每天都有一小会儿的时间,她必须抛开一切,敞开自己,专注地写下一首短诗,就像痛苦中短暂的喘息。

看看她的作品吧:

暴风雨过后
帝王蝶从枫叶上
啜饮一滴雨水

正念崩塌了
与母亲争执起来
她患有老年痴呆
我的心
和十月的玫瑰一同绽开
那是母亲最爱的花

断断续续的不眠之夜
不请自来的客人
随风而至的新年

1　日本的一种古典短诗。

读越战故事《士兵的重负》[1]

外面是灰冷的大雨
心中是黑色的绝望

发誓不杀生
拿报纸盛住一只蚂蚁
送出门外

一生遇到许多战争
至今一场都没有结束
而我谁也责怪不了

和母亲划船
两只潜鸟扎入泥底
小船滑过水面

依靠偶然的运气
我们才走出父母
开启自己的生活

湖畔的小母鹿

---

1 《士兵的重负》(*The Things They Carried*)，美国作家蒂姆·奥布莱恩（Tim
O'Brien）著。

啃着柔嫩的水草

我从未狂野过

二〇〇九年一月二十日

寻常星期二，又异乎寻常

新总统就职日 [1]

噢，多么无常！

粉红色木兰花瓣

散落在绿色草地上

那一年，贝丝成为和平运动者。她寄俳句给我，有时候一两句，写在明信片上，尤其是在她去威斯康星州北部凯博镇探望母亲的那段时间里。她不评价什么，只是抓住身边或者内心中的某些瞬间。

最近我参加了一个结合瑜伽和书写的工作坊，几乎都是新学员，我邀请贝丝担任助教。一个下午的课堂上，学生们两两分组，即刻书写，然后互相朗读作品。我一边在他们中间走来走去，一边倾听。经过贝丝身边的时候，她正在朗读，我停下脚步。很久没有听到她限时书写的作品了，以前还是我的学生时，她写出来的东西往往比较浅，而现在我听到了深刻的表达，她的文字拥有了打动人心的力量和完整性。

分组朗读结束，所有人又聚到一起，我转向贝丝，当着全

---

1 2009年1月20日（星期二），贝拉克·奥巴马宣誓就任第四十四任美国总统。

班的面问："贝丝，我可以问你一个问题吗？"（老学生们得忍受我，不得不说我还是对新学生比较宽容。但也不能完全这么说。好吧，回归正题。）

"我刚刚听到你的作品，发生什么了？以前你的书写轻飘飘的。"我将身体往前倾一些。"我这样说没关系吧？"我继续说，"但你现在的书写很扎实了。"

她认真思考我的问题，没有提出反对。她知道这是我出自真心的好奇，不是批评——而且她也了解我的风格。"以前我会想讨好老师，让大家喜欢我。现在我只想书写自己生命中遇到的困难、伤痛。"

我点头，新学生们非常感动。整个星期我都在对他们说："如果想要书写，你就必须愿意让自己的内心被'打扰'。"

买了个好包、养了只可爱的小狗、快乐的童年……这些都算不上好的素材，它们缺乏足够动人的能量。当然，只要你可以突破事物最浅层的趣味，挖掘到生活里那种真诚的亲近感和细节，什么主题都是可以写的。

其实大部分人在彬彬有礼的外表下，都藏着一颗矛盾且疯狂的心，翻滚着，呐喊着，你得想办法让它运转起来。

说说我的另一位学生莎琳。她跟我学习很长时间了，每天都会书写或者静坐，但她希望更新自己，又不知道应该尝试什么练习。我不认为她已经厌倦了书写和静坐，经由多年练习，它们已经成为她的第二本能，充分融入了生活。就像刷牙，你不会想太多，就是刷，这很好。瞧，牙齿刷干净了；瞧，几页文字写好了；瞧，又静坐了半小时。不知不觉，不安、焦躁全都安静下来，它们成了你的能量。长期坚持下来，你的包容能力大为增强，你张开双臂拥抱各色各样的人，接纳了千奇百怪的冲突、无聊和欲念。

多年以来，莎琳还在坚持另外一项练习。她的声音很美，她写了一首学习跳华尔兹的歌，已经成为我们班的班歌了。

壁花 [1] 华尔兹（*THE WALLFLOWER WALTZ*）

我轻点头，我脚打拍
壁花队伍中占有一席之位
从我学会走路已经多少年——
快来教我跳一曲华尔兹

有时我害羞，有时我反应慢
我踏错拍子，踩上你的脚
你不知道我有多么想——
快来教我跳一曲华尔兹

教我翩翩起舞，教我空中旋转——
你知道我已经学会一半
敢，你就跟我一起跳
教我跳一曲华尔兹

1　壁花，指舞会中没有舞伴而坐着看的人，好像墙壁上的绢花，出现只为了装点舞会。

教我华尔兹慢慢地舞

教我洒脱地放开手

教我你知道的所有

教我跳一曲华尔兹

当我头发花白八十二

后悔许多事没做过

但是起码与你共过舞

教我跳一曲华尔兹

放下你的提琴，放下你的弓

我还在壁花队伍里等待

甜蜜地舞，慢慢地舞

教我跳一曲华尔兹

　　有时候我们在禅室一边慢走一边冥想，一步接一步，力量从脚底升上来，心智趋于安稳。我会问："有谁能唱首歌吗？"这时候有人开始唱《艰难时光不再来》（*Hard Times Come Again No More*）或《我们终将克服一切》（*We Shall Overcome*）——每个人都有一首对自己重要的歌。伴着歌声，我们继续，一步接一步往前走。

　　沉浸在深层的静默中，一整天都在和自己的心灵角力的我们，会意识到，在某种程度上，我们都是"壁花"——害羞、破碎，内心热烈。我们更加接近，也更能理解人的境况了。当莎琳的歌声充满整个房间，道出我们生而为人的感受时，心放松了，宽厚了，更深地坠入内在，接受着启迪。"如果能活到八十二岁，我又会想做什么呢？"

当莎琳想要尝试一种新练习的时候，恰逢她的生活出现麻烦。多年以来，她在一个特殊儿童（患有孤独症、唐氏综合征、听力障碍的儿童）教育服务的项目里担任活动老师。但是因为经费减缩，她的工作从每周五天换成了每周一天、两天、三天或者四天。每周的排课都会变，而且他们总是等她每周一到了学校才告诉她当周的安排，这简直让人难以忍受。很明显，活动中心正是用这种方式逼她主动辞职，毕竟她资历深，工资也最高。

四月的书写营里，她会写自己在工作中面对的烦恼和无奈。这么多年，她为孩子们倾尽全力，当然不愿意放弃他们。书写中，她一再重申：我才不会走，除非开除我。

与此同时，她吃惊地发现，自己也在书写着快乐的童年回忆，全家人在沙斯塔湖[1]度假的那段岁月。

童年最棒的礼物之一，就是全家旅行、游泳。每年夏天两次，我们会开车到沙斯塔湖，在碎石满地的沙滩上露营个四五天。阳光下，我在清冽的水中游泳，蓝天高悬在头顶，到处都是水花。更小的时候，我还不会游泳，便在混浊的浅水中爬来爬去，游泳衣外面套上一件橘色套头救生衣，脚上踩着凉鞋，这样脚就不会被石头割伤。我沿着湖岸爬来爬去，湖水有时漫上我的身体，有时落下去。

当我长大一些，不再适合在浅水中爬时，便去了艾尔赛利度游泳中心（El Cerrito Pool）正式学习游泳，我喜欢漂浮在水中的感觉，

1　沙斯塔湖（Lake Shasta），加利福尼亚州的水库。

把脸浸在水下，或者仰式漂浮。但是不管怎样，儿时在沙斯塔湖边的浅水里爬来爬去的记忆才是我快乐的源头。太阳升到高处，湖水被晒得发热，我们没有别的事情可做，只能在水里玩，坐在旧旧的漂浮椅垫或者气垫上漂来漂去，轮流抓住绳子在船后头划水。时间一到，爸妈喊我们从水里出来，吃午餐，面包上面涂着已经融化的花生酱。饭后不能立刻下水，我们被命令穿上 T 恤衫，盖住被太阳暴晒的皮肤，乖乖坐在那儿等待大人往我们肩膀和背上涂抹乳液。被水打湿的 T 恤粘在身上，又皱又湿，我想念温暖的阳光直接晒在皮肤上的感觉。

第二周课程结束了，要等到夏季结束，我们才会见面。

让我吃惊的是，等到八月中旬开课时，莎琳几乎是蹦蹦跳跳地进来，整个人容光焕发。

我冒失地问："你是辞职了吗？"

"没有，工作还是老样子。但是我最近开始了一项新练习，去伯克利码头滨鸟自然中心下面的海湾里游泳，坚持在盐水里游泳。"

"盐水？"看到她这么满足的样子，我很惊讶。

"就是海水和流到出海口的河水混合在一起，水是咸味的。游泳的时候，能看到旁边公路上有汽车驶过，身边还有蝴蝶、海鸥、鸭子的陪伴，有一次我甚至看到一头鹿。到了那里先把背包寄存在自然中心，下水的时候把毛巾放到旁边石头上，鞋子脱那儿就行。"

我有些好奇："但你怎么过去呢？"我知道她不开车。

"我搭两趟公交车过去，路上五十分钟，游泳二十多分钟，在公共厕所里换衣服，再花十分钟坐公交车去上班。每天出门我会把泳衣穿在里面，带一套换洗内衣和工作衬衫。下了水慢慢走到水深及腰的地方，然后开始自由泳。"

莎琳没有练习"如何接受糟糕的工作处境"或者"如何和新上司和睦共处"——我们一般都会把这类事情当成修行。她回忆起自己热爱的事情——在沙斯塔湖游泳——并且重拾起来。她没有设法改变一个无法改变的情况，而是把练习建立在快乐的事情上并为之付出努力。上班之前搭那么久的车去游泳可不是一件容易的事。

你很难想象练习会为我们的生活带来怎样的改变。《纽约时报》曾经有过报道，写到一位名叫妮娜·桑科维奇（Nina Sankovitch）的女士，二〇〇九年她决定在一年的时间里，坚持每天读一本书然后在博客上分享读书心得。她为自己的练习设定了规则，并且一路坚持下来。规则定得越具体，效果越好。比如所有的书都是她以前从来没有读过的，每本书都出自不同的作者，而为了更好地完成，她挑选的都是二百五十到三百页的书，有些更薄。

她说，整个过程没有一天让她觉得乏味难熬。她希望可以通过这项行动让更多的人爱上阅读。但特意选择这项练习，其实是为了帮助自己度过妹妹去世以后的哀伤时光，进行心灵的探索。

报道说，当时她的计划离完成只剩下三周的时间，之后也许很长一段时间里，她都不会再读一整本书。你能想象这样一种练习吗？它一定会改变你。妮娜以前是环境事务方面的律师，而现在她的胸前常年挂着一个吊坠，坠子里的小图上画着一个男人坐在马桶上读书。

常规化的练习是激进的，不是那种会让你感到舒适，甚至压根觉察不到的"习惯"。就算是最简单的练习，只要你决心将它变成日常化的动作，持续去做，都会变成一种挑战，并且由内而外地改变你。就算你选择的是原本热爱的事情，当赋予它某种结构的时候，游戏就不一样了。

练习一段时间以后，如何保持新鲜感呢？可以做出一些小改变，比如练习时间从二十分钟换成三十分钟，每周四天而不是五天，或者改在不同的地方静坐。

长期练习最美妙的地方，在于它带来的独特经验，你可以在静坐中获得一次比一次深入的体验，但最难的地方在于容易流于形式化，你只是在做，却没有内在的动力，因而你的练习也缺乏活力。

在我发起的一次叫"涂鸦写心"（Doodling Hearts）的静修书写营里，我曾经请诗人米里亚姆·萨根（Miriam Sagan）来担任关系探讨方面的导师。课堂上，有学生问她："一段长期关系里，你已经了解了一切，再也没有新鲜感和趣味了，怎么办？"

"这种看法就是第一个错误，"她说，"你以为了解对方，其实你不了解。"我们以为自己拥有了伴侣，就等于把他们装进了某个盒子里。然后我们会说：噢，看吧，什么也没发生。请用心关注，练习。我们无法拥有或者掌控任何人。越早认识清楚这一点越好，不要等到对方离开了，你才大吃一惊。

　　两天前的晚上，一位禅修朋友得知我正在写"练习"这一章节，她马上问："你是指静坐和慢走一类的练习吗？"

　　"不。"我说。不是每个人都适合静坐或者慢走。

　　比如有人会选择十二步疗法[1]，它能够帮助断瘾者重建强韧的意志基础。聚会上，你说出自己的心事，然后倾听其他人的。没有交谈，没有评论。团体里有人负责登记，有人负责煮咖啡，有人负责收捐款。自然而然，你习惯了这种练习模式。这种形式的聚会，没有任何政治的性质和可能，而且你是匿名的。

　　让我感到惊喜的一项练习，是起源于圣约翰学院（St John's College）的"伟大书籍"（Great Books）项目，在马里兰的安纳波里斯（Annapolis）和圣菲的两个校区都有。他们现在开设了专门研究东方经典的硕士课程。我曾经一度挑衅地问这个研究项目的负责人克里希南·文卡特斯（Krishnan Venkatesh）："所以你们专业就是阅读一些亚洲的书喽？既没有静坐也没有练习，能有什么效果呢？"

　　"当然包含练习，我们的研讨会允许每个人自由发表观点，其他人倾听，就算听到一些惹你生气的想法和观点，也要保持心平气和。这就是我们的练习——听见每个人的声音。"

　　他的这番话让我印象深刻。在后来参加的一次研讨会上，

1　十二步疗法（Twelve-step），流行于全世界尤其是西方国家的心灵治疗支援团体疗法，旨在帮助人们戒瘾，包括酒瘾、烟瘾、赌瘾、药物瘾等。

我试图践行这一点。只不过研讨主题不是东方典籍，而是莎士比亚的《李尔王》。

一开始，我差一点想扑向对面那个女人，还有坐在她对角线方向的男人，这两个人都说了一些我完全不能接受的话。我对《李尔王》充满热爱，二十三岁的时候我曾经修了一整个夏季课程研读《李尔王》。四十年来，当时收获的见解仍旧在影响着我。我不允许任何人污蔑这本信仰之书。我像个汽油桶一点就炸，就在情绪爆发的瞬间，克里希南的话击中了我："练习，就是允许每个人都拥有自己的想法。"

我大大后退一步，深吸了一口气，然后倾听了一位在家自学的十八岁年轻人和一位环境保护律师（有着浓厚俄罗斯口音的女人）的看法。在这里，我们礼貌地称呼彼此为"伯内特先生"或"戈德堡女士"。硬纸板上写着我们的名字，放在桌上，这能让大家彼此保持某种距离。个人的发言不针对任何个人，也不是要激怒谁。

等到离开的时候，我觉得自己被点亮了。原来《李尔王》蕴藏着那么多我没有发现的内涵。接纳其他人的观点，就是刷新我们自己的心灵。置身于众人不同的智慧之中，我感觉到世界如此广阔，它包容一切，丰富而且完整。没有敌人，没有斗争，倾听的能力正是民主精神的重要基础。

所以，你想做什么练习呢？要合乎实际，每天爬一座山这种就不太可能实现。要明确：多久做一次？在哪里做？什么时候做？你可能想找朋友一起，友人的支持能帮助你更好地开始，就算是远距离的朋友也没有关系，你们可以通过电话或者邮件联络、打卡。此外，不妨用一本笔记本记录下你的练习过程。保持简单，规则不要过于复杂。对了，就算是那些没有完成练习的日子，也请记录下来。不论坚持与否，拥抱这些事实，它们都是你，也不完全是你。

"真正的秘密"止语书写营

呼唤所有饥饿的灵魂

在无尽岁月的每一处

呼唤流浪的灵魂、渴求的灵魂

请允许我供养你一颗书写之心

呼唤所有饥饿的灵魂

在无尽岁月的每一处

呼唤迷失的灵魂、被遗弃的灵魂

你的喜悦与哀伤从此也属于我

——摘自《甘露之门》（*Gate of Sweet Nectar*），略有改动

开始之前

Setting Up

在本书的第二部分，我会与你分享"真正的秘密"止语书写营中的各种日常细节。我曾经跟随片桐大忍禅师在禅修中心修行，我们的练习非常重视细节，事必躬亲，旨在用身体感受每一件事的流动：弯腰、坐下、站立、清洁坐垫、走路、唱诵，用第一个碗喝汤，用中间的碗和筷子吃沙拉，用第三个碗盛泡菜，食净，用热水冲碗，把水喝干净（不能浪费粮食），用纸巾包住碗，擦干，收好。

"真正的秘密"书写营并没有那么正式，但也有基本的规矩想要分享给你。也许你可以将它们转换成一些指导，比如用来教导女儿的功课，或者建议她如何谈恋爱。

不管怎样，这个部分的内容，是希望能帮助你更好地完成自己生活中的修行。

年轻的时候我参加过许多静修营，我的父亲问："但是，娜塔莉，你什么时候才会真的进步啊？"

我或者微笑着回应他，或者皱起眉，或者大笑。他问到点上了。

还好我坚持下来了，一次又一次修行过后，我的自我变得越来越完整。

但是请记得，我们的练习与修行，不仅仅是为了自己，也是为了超越自己——通过练习延展自我，去服务这个广阔的世界。

书写的仪式

Altar

当我还是个小女孩时，我家隔壁住着一户姓"卡罗塞拉斯"（Carosellas）的人家，全家人都以天主教圣人的名字来命名，比如特蕾莎、弗朗西斯、约翰、文森特、安妮。每天晚上他们打开橱柜，里面放着的不是浴巾、床单、毛巾，而是玻璃制的圆形烛台、插着塑料红玫瑰的花瓶、一座挂着念珠的基督塑像。拿出来整齐地摆放到蕾丝花边的桌布上，便是一个祈祷用的小小祭坛。做晚祷的时候，他们会用到"神圣"这个字眼——"这是我们共度的神圣时刻。"一年四季，每一个寻常的夜晚，他们都会花二十五分钟，在祭坛前进行这个神圣的仪式。

在梅布尔·道奇·卢汉之家里，我们把教室改造成了用来冥想静坐的禅修室，里面放置着黑色坐垫，椅子靠墙壁排列。我静坐的位置后方是一个圆形壁炉和几个架子，那里被我们当成了修行的祭坛。一层架子上写着我们想要纪念的故人名字；另一层架子，则是我们视为偶像的人的名字，我们为他而书写；还有一层架子，为需要疗愈和特别关怀的人而设。

每周上课的时候，我会在祭坛上放一张俳句大师正冈子规[1]的照片。他常年患病，必须费力地将自己拖到榻榻米上，然后望着花园，一坐就是一整天，等待俳句进入他的脑海。对于正冈子规而言，创作意味着警觉的宁静，他的觉知创造了俳句，在那个瞬间，万物渺然呈现，非常微妙，你甚至不知道这一切是如何发生的。

请看他写的这一首：

花园前

鸡冠花们……

一定有十四

或十五朵了

这首俳句的含义是什么呢？也许诗人因为生病，无法靠得更近，所以未能数清有多少朵鸡冠花？也许他很在意这些花，连它们具体有多少朵也很在乎？不管怎样，诗人不得不接受心灵的不确知状态——到底是十四朵还是十五朵呢？这种简单的专注让事物本身发生了变化，因此正冈子规成为现代俳句的祖师爷。如果没有他提出的"生活白描"的写作原则和观察身边

1　正冈子规（Masaoka Shiki, 1867—1902），日本明治时期诗人、文学家，死于结核病。

事物的方法，也许俳句早就消亡了。虽然三十五岁就死于结核病，但正冈子规对那片小小花园的注视让整个俳句文体都活起来。只要用心，即使做得少，也可以成就很大。我希望自己铭记这一点，也希望和学生们一齐向正冈子规那颗热烈的诗心致敬。

很多年前，我邀请《桦木之种》(*Seeds from a Birch Tree*) 的作者克拉克·史川德 (Clark Strand) 来班上授课，是他送了我一张正冈子规的照片。他为每一位学生写一首俳句，我还记得其中一位学生十分珍爱自己的那首。她手很巧，擅长编织，就在一个星期前，她的儿子刚刚入狱。史川德为她写道：

墙壁消失了
时间化成我织好的毛衣
穿在儿子身上

我在祭坛上也放了艾伦·金斯堡[1]的照片，黄色木质相框中，他身穿白衬衫，盘腿静坐，脸上露出带有深意的微笑。他是我们这一期"本真的诚实"主题课程的书写缪斯。一九七四年他写出《擦亮心灵》("Polishing the Mind")，这篇文章里他将心灵探究和诗歌联结到一起，让我找到属于自己的写作之路。我立志创造出一种练习，让更多人可以遵循这种方法书写，最终收获自我的觉醒。在我的心目中，艾伦·金斯堡是这方面的开山鼻祖。

1　艾伦·金斯堡 (Allen Ginsberg, 1926—1997)，美国诗人，"垮掉的一代"代表人物。

有时候，我也会带着心爱的祖母的照片去上课，她不是什么大人物，但是对我而言很重要。我也鼓励学生带他们认为重要的照片来，结果架子上多出了许多狗狗的照片，我不得不告诉他们，书写是人写给人看的。但是他们有自己的一套理论——好吧，我让步。于是乎，羽毛、骨头、石头、八月的梨子和晚春结出的李子纷纷出现在了祭坛上。

　　很多年前，一位当老师的朋友罗恩·马哈（Ron Makha）用木屑废料做了张小桌子送我。二十世纪七十年代中期，我们曾经一起在陶斯的嬉皮士学校"达纳哈兹利"（Da Nahazli）教书。后来成为藏传佛教名师的佩玛·丘卓（Pema Chödrön）也在那里教书，当时她的名字还叫迪尔德丽（Deirdre）。我把这张桌子当作在家书写的祭坛，不仅仅是纪念罗恩，也是怀念那个时代。祭坛上摆放着一对伴侣的合影，如今他们已经去世，是我在圣菲住了六年的房子的房东，路易丝·泰切特和桑迪·费尔德曼。路易丝是新墨西哥州第一位医学院毕业的女学生，十七岁拿到全州的网球冠军。祭坛上还有一张我母亲生前的照片，父亲正在研究我送他的画像时所拍摄的照片，一个被我漆成蓝色的木质犹太五角星（它曾经放置在片桐大忍禅师即将火化的松木棺材上），一个从明尼苏达州烟石镇（Pipestone）买的石质烟斗。此外还有一张合影，照片中的人是释一行[1]和片桐大忍禅师，两人站在明尼苏达州禅修中心后院的大榆树前，看起来小小的，神情恍惚，好像两位难民流落

---

[1] 释一行（Thich Nhat Hanh，1926—2022），越南僧人、诗人、学者、国际和平主义者。

在一个奇怪的国家。我在创作《写出我心》的时候曾经租下一间土屋，在那里我捡到的一颗大绿松石，也被放在祭坛上。还有我的学生芭芭拉·莫兰送我的一个银碗，里面有一颗珍珠，因为课堂上我经常说："让你的脑子保持灵动，就像有颗珍珠在银碗里滚动，书写时不要卡壳。"这份礼物一直伴随着我的书写。祭坛的表面有个圆形的灼痕，是某一次我在锡罐里面点蜡烛，结果忘了，幸运的是桌子没被烧坏。桌上还有三个头陀袋[1]，叠起来整体摆放，是我这些年在各地禅修得来的，其中一个来自片桐大忍禅师。当时是一九八〇年三月一日，我宣誓成为俗家居士。十年之后的同一天，片桐大忍禅师过世。

老实说，虽然家里有个小小的祭坛，但我几乎没注意。长年以来，我在家中走来走去，总会经过，不知不觉它已经住进我的心里，成为我的一部分。祭坛无关宗教信仰——可以为你的孩子，为他们写出的第一首诗，为他们长出来的乳牙做一个祭坛，试试看。我的朋友安·菲尔米尔长期研究密歇根州北部的原住民传统，她的家里到处都是祭坛，连马桶后面都有——彩色的羽毛、干花还有印第安彩色玉米和贝壳。我不知道是因为这些小东西和她的研究有关，还是她本身就是这么一个狂野、生机勃勃的女性，唯有用如此方式才能表达她对世界的深深热爱。

祭坛是一种仪式，可以为许多事物而设立——为亡者，为丰收，为冬季，为新生命诞生，为高中毕业，为父母离婚，为

1　头陀袋（rakusus），原本指僧人云游行脚时挂在颈上，用以装东西的袋子，后演化为日本佛教僧侣服饰的一部分。

新婚，为你心爱的小马驹，为你的初吻，为大树，为战争的结束，等等。让赞美、回忆、崇敬、接纳和原谅点缀你的整个家吧。家里没有更多的空间了？没关系，打开房门走进大自然，那里就是最伟大的祭坛。

制订计划

Schedule

　　制订计划很重要，它可以梳理我们的生活、心智和书写，让它们变得有秩序。如果有一整天的时间可以用来书写，我往往根本不写，或者一直到下午四点才坐下开始写。我很少有一整天的时间，但只要看一下行程表，总是可以把书写塞进去的，比如：星期二的傍晚五点到六点之间有空，那么这一小时就用来书写。就像行程表上写着要去看医生，你不会有任何争辩，去就是了。你甚至可以提前约定在哪里写，比如厨房餐桌上、后院、某家咖啡店等，这样就不会有太多讨价还价的空间。时间一到，就开始写。

　　制订计划是为了将计划内化，这样才能充分利用每一天，而不是去僵硬遵守，进而学会在活动和休息之间平衡。不断地干这干那，只会让人精疲力竭，甚至不知道自己要写什么或者说什么。尽早为你的生活安排出一种结构，它会帮你创造出某种能力，甚至带来快乐。这是你的人生，不要荒废。人只能活一次。

对于这个国家的贫困、苦难和不公，我们总想做点什么，同时我们也想花时间与自己的亲友相处。那其他国家呢？整个地球的生命呢？所有念头涌来会让人不知所措。结构可以让我们的生活变得清晰，清除多余的想法，让我们触碰到存在的基础，教会我们如何一步步往前，而不至于涣散。

不论是全职还是兼职的工作，都可以提供一种结构。与其抗拒你的工作，不如学会如何好好利用它，让它对你有益。你可以大清早起床练习，我有一些学生则是利用午休时间慢走或者书写。一种稳固的结构会很有帮助，比如利用一天的工作结束以后的时间书写，也许你已经筋疲力尽，但也是好事——你也没什么力气再抵抗，反而一下就能扎进更深的层次。

"真正的秘密"止语书写营的时间表可以运用在十个人、两个人或者一个人身上。二十世纪七十年代早期，我刚开始练习的时候，会制订每一天的时间表，然后自己按计划执行。（当时只有静坐，没有书写。如果那时候把纸笔也包含进来该多好，虽然有些遗憾，但仍然很棒。）

请注意，静修课的时间表从早上开始，但不会太早。因为我发现清晨大家都很累，脑子迷糊。当然，脑子迷糊也可以是件好事，正好可以借此打开一个不一样的自己，但是睡个好觉也可以打开我们的心扉。

下午的时间表，我安排了自愿选修的阅读小组。阅读是为书写打下基础，小组成员坐在一起朗读作品，但是不做回应和评价。你只能朗读这个星期写下来的东西，而不是过去五年里一直反复打磨的三百页稿纸一类的作品。设计这个练习，初衷是倾听我们当下最真实、最原始和未经打磨的声音，并学会接受它，支持它，而不要像过去我们习惯的那样去期待他人的夸赞或者批评。我不认为任何人都能真正自在地朗读，但这就是朗读的迷人之处，练习的过程是真实生动的。朗读的时候如果感觉到赤裸，说明你没有藏着掖着什么。书写，应该是从你真实的生命流淌而出，而不是经过礼仪、谨慎、审查的种种机制的过滤。我坚持书写三十五年，当众朗读的时候还是会觉得不自在，如果哪天再也没有一丝不适，大概是因为我已经不在人世了。

通常，大家可以自愿报名来负责组织当天的朗读活动，小组长的工作是掌握节奏，挑选朗读者——每个想要朗读的人都有机会，读完，停顿一下，再换下一位朗读者。如果你迟到了，请耐心在外面等候，朗读者读完他的部分后你就可以进来了。一旦参加，最好就不要中途离席。你可以全程只当倾听者。通常新加入的学生都需要一些时间建立勇气，才能当众朗读。如果你在课堂上一个星期都没有朗读，也没有关系。

当然，整个过程强调匿名。我们倾听，是为了研究心智，了解它是如何运作的。每个人的心灵都有相同的原理，只是细节不同，无所谓好或者坏。我们倾听，不是为了偷听某个人的八卦。我们的心灵越是能够接纳他人朗读的内容，我们就越能接受自己的声音，也越能更好地接纳整个世界的声音。

在这些团体中，人与人的联结产生了。聆听他人的痛苦和困境，慈悲心油然而生。我带过的团队中，大家都有各式各样的痛苦：有人失去过孩子，有人被强暴过，有人遭遇过背弃，有人失去所有财产，有人房子被一把火烧了，有人父母亲酗酒，等等。听到他人的苦难，你会受到鼓励，也说出自己的，亲密的情谊就是这样产生的，你不再觉得孤单。上课的第一个晚上，也许你会觉得所有人都拥有完美的人生，觉得整个团体都中规中矩，大家都是中产阶级人士，举止得体。结果经过一个星期，当你听到他们的作品时，才发现一切并非如此。某一次书写营，止语时间结束后，一位黑人女士将我拉到一边，说："老天爷，白人真是受了不少苦。"她一边说着，一边难以置信地摇头。

我们的课程一般从星期一的晚上开始，星期六的午餐后结束。课程的计划以禅修的古老传统作为基础，做了稍许调整。禅修的历史悠久，值得信任。不论你的练习是一个周末，一天，还是半天，都能以下面的时间表作为蓝本修改。这种弹性方法方便学生们将其移植到自己的生活中。接下来，我会写下书写营的完整日程，让你了解其中的基本结构，从而创造出属于自己的计划。

"真正的秘密"止语书写营：静坐、慢走、书写

星期一

18:00—19:00 晚餐

19:15 在禅堂开会

每日时间表

7:30—8:00 静坐（自由选择）

8:00—9:00 早餐

9:00—9:30 休息

9:30—12:00 静坐、慢走、书写

12:00—13:00 午餐

13:00—15:45 休息（自由选择：睡午觉、慢走、静坐、个人书写）

15:45—16:30 朗读小组（自由选择）

16:30—18:00 静坐、慢走、书写

18:00—19:00 晚餐

19:00—19:30 休息

19:30—21:00 静坐、慢走、书写

星期四

午餐—20:00 自由活动（可以带着觉知出门逛街，去咖啡馆写作，等等）

17:00—18:00 朗读小组

20:00—21:00 （回到禅修中心，静坐一小时）

星期五

同"每日时间表"

晚上放电影

星期六

7:30—8:00 静坐（自由选择）

8:00—9:00 早餐

9:15—11:00 静坐、慢走、书写

11:00 午餐

我们的活动内容会根据季节调整——如果是八月的书写营，星期五下午我们会去格兰德河静静地顺着河水漂流；如果是十二月的静修营，有时我会安排大家驱车四十五分钟，去皮纳斯科镇的"糖果精灵"小酒馆，大家围坐在屋里，点上甜点，安静地书写一小时。这家店的老板是一位禅师，知道我们在做什么，所以完全不会期待我们和她聊天。一路上的风景很美，坐在车里（拼车，大伙挤着坐），我们练习安静地注视着窗外，不说话。有时山上会下雪，这是额外的惊喜。

星期四，学生们甚至有机会出门购物。我要求他们在下单购买任何东西之前，先做三次深呼吸。如果他们决定进城逛街（很近，走路就能到），我要求他们全程保持安静。"不要挥霍你通过修行好不容易积蓄起来的能量。"

日程表的第二页上，有一些简单的注意事项：

一些注意事项

1.星期二早上醒来即开始止语。

2.早上、下午和晚上的课程，务必准时参加。踏入和离开禅修中心大门时，请右脚先迈步。

3.祭坛旁边的小碗是用来放置提问的小纸条的。

4.星期二早上请带上牙买加·琴凯德[1]的作品，星期三下午请带上吉米·圣地亚哥·巴卡[2]的作品，星期四早上请带上薇拉·凯瑟[3]的作品，星期五早上请带上宾亚万加·瓦奈纳[4]的作品。记得提前标记出你想朗读的部分。

5.星期五的晚餐前，安息日礼拜[5]之后，大约六点半，解除止语。星期六醒来之后恢复止语，一直到上午十一点，课程结束。

6.进入禅堂，请脱鞋。

7.可以在室内做瑜伽。

关于第二条，守时是值得尊敬的品质。用右脚迈进迈出，则是为了保持我们的觉知——你急急忙忙按时赶到，就站在门口，好，停顿一下，用右脚迈入。

在第四条当中提到的作家，他们的作品是指定读物，我要求学生们在阅读的时候标记出自己喜欢的部分，当聚到一起的时候，可以分享这些段落。课堂上，我们讨论这些书，先拎出每一本书的结构，然后详细分析作者是如何建构他的故事的。

第五条当中提到的安息日礼拜是犹太人的一种仪式，包括

1　牙买加·琴凯德（Jamaica Kincaid，1949—），美国女作家，也是当代加勒比海作家的重要代表之一。

2　吉米·圣地亚哥·巴卡（Jimmy Santiago Baca，1952—），美国诗人、作家、编剧。

3　薇拉·凯瑟（Willa Cather，1873—1947），美国女作家，美国重要乡土作家之一。

4　宾亚万加·瓦奈纳（Binyavanga Wainaina，1971—2019），肯尼亚作家、记者。

5　安息日礼拜（Shabbat Service）：犹太人的礼拜日从周五黄昏到周六黄昏，周五黄昏有一个开始礼拜的仪式。

点蜡烛、喝葡萄汁（书写营禁酒），分享一片犹太白面包（辫子形状的鸡蛋面包）。借着这段平静的时光，放下这一周遇到的所有问题。用这种西方传统的仪式结束止语是一种不错的选择，这是很久之前我跟犹太教长扎尔曼·沙赫特拉比（Rabbi Zalman Schachter）学到的。我发现非犹太人也很喜欢安息日礼拜的仪式。我有犹太血统，但是从小没有接受过犹太教育。我要如何处理禅修和犹太宗教之间的差异呢？我不处理，我是禅修者，也是犹太人，两者彼此滋养，我的人生也变得更加丰富。我的学生也无须改变他们的宗教信仰或者传统习俗才能参加静修课程，他们还是他们自己，只是变得更加丰富、更有活力了。道元禅师[1]曾经说过："人之得悟，如水映月，月不湿，水不破。"[2]

1　道元禅师（1200—1253），日本镰仓时代著名禅师，将曹洞宗禅法引进日本，为日本曹洞宗始祖。后文有提及。

2　出处为《正法眼藏》，道元禅师著。大意为人有所觉悟，就像月亮倒映在水里，月亮不会被水浸湿，水亦不会受到月亮的干扰，两者完美地共存共处。

静修：第一天（静坐）、鞠躬、服务、三餐、交谈

静坐的时候不必过于拘束，重要的是对内在、外在、自身和周遭的一切保持活力。冥想不是放空走神，也不是刻意保持神圣，而是唤醒，哪怕唤醒的是你对世界的苦难、膝盖的疼痛、身体的感冒等的感受，这些都要去觉察。当记忆浮现出来的时候，想一想：它们从何而来？要往何处去？此刻正在思考的人又是谁？保持精进，不要懈怠。

1. 第一天（静坐）

最近一次冬季"真正的秘密"止语书写营的第一天，正式上课之前，我请学生们到户外静坐五分钟，慢走十五分钟，然后双臂垂放，静静站立一分钟。当时是十二月，户外只有零下七摄氏度。我要求他们先完成这些练习，不是为了体验天气

有多冷，而是要让整个空间在正式上课之前先活起来。有个学生面朝基特·卡森公园的墓地静坐，她带了一个闹钟，因为害怕脸会被冻僵，或者自己会忍不住溜走。虽然天气很冷，但我还是可以感觉到第一天的午后，空气中流淌着一种沉闷木然的顺从——静坐，好；慢走，好。我们做得像行尸走肉一般。许多人前一晚才抵达，还在倒时差；有些人初来乍到，还没有适应这里的干燥、寒冷和过于辽阔的天空。这个简单的仪式有助于提醒他们自身的存在，唤醒体内的能量。当铃声响了三次，半小时静坐的正式课程开始时，就算肩膀有些不舒服，脑子还在想刚刚过世的父亲，或者感觉自己的呼吸像野马一般难以驯服，我们都会比之前更警醒，更稳重，更安于当下。

2. 鞠躬

第一天，所有人还在适应，鞠躬这种行为会显得有些尴尬。"静坐和慢走结束的时候，我们把双手放在身前，鞠躬。但也不是强制，如果这违背了你的宗教信仰的话。"（我开了一个小玩笑，但没人笑，这时候大家还很拘谨。）

鞠躬，是用一种安静而正式的方式同我们自己和房间里的人打招呼。

"如果你觉得不自在，那就请不要做。"

3. 服务

第一天的晚上，同学们登记自己需要承担的劳作：

点蜡烛

熄蜡烛

给水罐盛水

打扫禅堂

打扫走廊

组织静默阅读小组

为七点半的静坐摇铃

担任"街头公告员"[1]

"街头公告员"是最近新增的一项职务，每当一堂课临近结束时，公告员会站出来提醒所有人："诸位，作为提醒，为了我们自己，也为了其他人，请保持静默。"这很管用，大家都听进去了。

我对学生们说："不管地板是不是干净，就算你觉得没必要，时间到了，该扫就要扫。请放下我们习惯了评估和分析的大脑。"我停顿一下，接着说，"如果只是在那儿想，你永远不会写下一个字。把脑子清空，闭上嘴，只是去做，这会给你带来愉悦。"

在物质的世界中深耕自己，这是一件快乐的事情。以前我在禅修的时候，总是积极报名清扫厕所的工作，像疯了一样拿着刷子打扫。最近，我参加了一个为期十天的静修营，也被派定负责清洁厕所。当我拿着海绵擦洗手台，给门把手消毒，换卫生纸卷的时候，我失去了时间感，一同消失的，还有那个焦

1　街头公告员（Town Crier），在欧洲，民众广泛识字之前，街头公告员负责向城镇居民传递消息。公告员穿着讲究，在街头手举摇铃高喊，吸引人们注意，宣布公共事务以及新闻，这一传统可追溯至十八世纪。

虑的自己，只剩下锃亮的白色瓷脸盆，拖把把手在我手掌留下的触感，还有方形地砖的笔直线条。

"真正的秘密"止语书写营不需要学生打扫厕所，想来，这倒是他们的损失。

4. 三餐

有句老话，叫"我们就是我们吃进去的食物"，这句话没有抓住另一层重要的意思：我们也是我们吃东西的方式。我认识一位禅师，他曾经在东南亚一个小寺院修行很长时间。在那里修行，日食一餐，所以你能想象吃饭的时候他有多饿。他的师父告诉他，进食的前三口要咀嚼五十次，你能想象那种矛盾的处境吗？一边是来势汹汹的饥饿，一边是高度专注的觉知。要如何调理你身体内部最原始的冲动？每位学生每天都会和师父有一次对话，师父问的第一个问题是：吃饭咀嚼了多少次？

或许我也应该这样要求学生，但是没有。在"真正的秘密"书写营中，我们只是在餐厅的窗沿上放置一份简单的用餐诵文，学生们自愿取用，带到座位上，在用餐之前静静地阅读完。这个动作就像一个提醒，让他们暂停下来，去感恩、理解、铭记眼前的食物蕴含的意义是多么广阔深远。

简单的用餐诵文

（1）铭记

我们有食可吃，有人忍饥挨饿

我们拥有彼此，有人孤身一人

（2）施食

世间所有永不餍足的饿鬼呵

愿与你分享饮食

皆悉充足饱满，从此脱离苦身

（3）自无明处

我们和维持我们生命的一切在这里

觉醒、进食、拥抱、睡眠

我们慢行在空明的天际

（4）感恩

一粥一饭，得来不易

众生分享，法喜充满

施食一般在午餐的时候进行。我告诉学生把一小把生菜、一小勺鹰嘴豆、一小勺扁豆放到盘子边。吃完午餐后，把这些食物放到树下或者花园里。"请不要放烤芝士三明治、法式咸派、腌黄瓜、菠菜派、曲奇。"我开玩笑地提醒。我们的内心都住着饿鬼和恶魔。希望能够通过这个简单的小仪式，平息它们的欲念，帮助我们与之和平共处。

诵词的第一段和第三段来自乔安·萨瑟兰德（Joan Sutherland）的《开源佛经书》（*Open Source Sutra Book*）。我们之中的许多人，都曾经觉得自己被排斥，或者孤单寂寞，或者孑然一身，第一段诵词替我们道出这种感受，也帮我们接纳了它。第三段诵词充满诗意，吃饭的时候当然也要有诗——"我们慢行在空明的天际"和"自无明处"前后呼应，而不只是作为一个单独的意象出现。我们并不知道世间的一切来自何方。当练习的时候，或者试图逃避、溜之大吉的时候，我们每个人都会遇到自己的源头。

在食物和进食之间有个微妙的平衡：如何享受进餐的过程，却不执着；如何吃得适量，而不会太撑；如何让身体获得充分的养分，然后顺其自然。

没有特定的方法或者答案。在广阔的世界中，你必须寻找到自己的道路。

5. 交谈

书写营的第二个下午，我会贴出通知，让大家报名面谈的时间。每次四位学生，晚上与我面对面交谈二十分钟。我们会先静坐几分钟，安静下来，然后每一位学生依次谈谈这几天的状况，看看是否有问题要提出来。二十分钟听起来不多，但每一分钟都用在点上，直切要害，没有闲聊。

我会安排一位引路者，负责带领四人一组的学生慢走，从禅堂走到我的小木屋，差不多有一条街的距离。如果我还没有结束上一组的面谈，这一组的学生就一边在外面绕着木屋慢慢地走，一边等待。

与此同时，除了在外等待的人和正在木屋中与我面谈的人，其他人都在禅堂做练习。

时间一到，我会摇起一只多年前在内布拉斯加买的牛颈铃（cowbell），提醒新一组学生可以进来了。

四人一个小组的交流形式比一对一的好，可以打破师生之间的层级，让气氛变得更加轻松，最重要的是学生之间有机会倾听彼此的心声，互相学习。小组交流的形式改善了纯粹以老师为中心的交流模式，每个人都会觉得更舒服、自在。

书写梦境

Dreams and Lying Down

　　梅布尔·道奇（Mabel Dodge）继承家产以后，在纽约组织了一个艺术家沙龙。一九一七年，她来到陶斯。当她抵达陶斯山脚下的普韦布洛[1]时，一个男人朝她走来，对她说："我认识你。"她看着他，想起自己在美国东海岸的时候，竟然曾经梦见过这个人。他就是托尼·卢汉（Tony Lujan），后来成为她的丈夫。他是当地第一位和白人通婚的印第安人，于是她成了梅布尔·道奇·卢汉。

　　后来两人一起在普韦布洛的边缘建立了梅布尔·道奇·卢汉之家。画家乔治娅·欧姬芙、约翰·马林（John Marin）、马斯登·哈尔特里（Marsden Hartley）、瑞贝卡·斯特兰德（Rebecca Strand），摄影师安塞尔·亚当斯（Ansel

---

1　普韦布洛（Pueblo），拥有悠久历史的村落和美洲原住民社区，始建于十六世纪，位于美国新墨西哥州北部。

Adams）、保罗·斯特兰德（Paul Strand），作家薇拉·凯瑟、玛丽·奥斯汀（Mary Austin）、法兰克·华特斯（Frank Waters，也是一位编剧），心理学大师卡尔·荣格（Carl Jung），诗人让·图莫（Jean Toomer，也是一位作家）、罗宾逊·杰弗斯（Robinson Jeffers）等都曾经来到这里做客、创作。

梅布尔希望这些人能够体验当地美洲原住民的生活，在她看来，美国简直就要完蛋了，她希望通过众多艺术家的驻足体验，向公众传递另一种生活方式。在这里，屋顶浴室的窗户图案是作家 D.H. 劳伦斯（D.H.Lawrence）亲手画的，因为这里原本没有窗帘，可是他想要一点隐私。众所周知，在劳伦斯的笔下，性是惯常的主题，没想到这位作家在现实生活中却如此拘谨。在陶斯以北二十七千米的圣克里斯托巴尔小镇（San Cristobal）上，梅布尔也拥有一座农庄，后来她用这座农庄和劳伦斯换取了《儿子与情人》（*Sons and Lovers*）的手稿。劳伦斯死后，他的骨灰就葬在这个农庄中，农庄现在由新墨西哥大学打理。

梅布尔梦见了托尼，而正是这个梦，穿越了时间和空间，最终引领她创造出一个全新的生活环境。近一百年后，梅布尔·道奇·卢汉之家成了我们静修书写的地方。

1. 梦

书写营里，我们可能会做像梅布尔故事中的那种浪漫梦，也可能会在夜晚面对许多难熬的、怪诞的、充满了暗示的梦，我自己也是如此。课程的第二天或者第三天早上，我会问大家："昨天晚上谁做了乱七八糟的梦？"接着我举起手来，全班三分之二或二分之一的学生也会跟着举手。看到大家举起的手，我感到安慰，原来我并不孤单，我只是迷失在了自己疯狂的世界里。（也许你也是，但现在你不是一个人了。）

为什么在止语书写营里，我们会做这些梦呢？

因为在止语的环境下，静坐、慢走和书写的时候调动起来的注意力唤醒了我们的潜意识，告诉它：嘿，她正在倾听呢。于是，天地之间我们狂野的心智便将各种诱惑的念头、残缺的思绪和尖叫着的字句通通抛出来——这是它们难得被听到的机会。不管怎样，倾听它们吧。这是一次机会，让我们可以抛开时间、空间和存在的局限。在梦里，你爬上一堵冰冻的墙壁，结果发现一个男人站在墙顶，手臂上插着针，头上有一袋绿色的蔷薇花，这个梦是什么意思？我不知道——也许你永远也不知道其中的象征意义。但是这个梦中的场景在呼唤你，希望你能接纳它。

至少，你可以把你的梦书写下来。写的时候，看看是否会有相关联的灵感冒出来。如果有，请跟随它们，探索它们，然后放手。放手不是把灵感赶走，丢进垃圾堆里，而是让它们退到背后，融入你的生活中，成为一路上支持你的养料。

最近，我刚刚结束了一次为期十天的静修——以学生身份而不是老师身份参加的。我惊讶地发现自己静坐的时候竟然那么心无旁骛，没有失神，没有执念；就算诱惑的念头出现，也无法抓住我——哦，我注意到了，又是你。于是那个念头消逝了。但是到了夜晚，我却害怕入睡，到了早上，床单都被我揉皱了。夜里，我惊醒，好几个小时呆呆地望着天花板。我做过一个可怕的砍头梦，还做过一个噩梦，是我同一周错过了三次截止期限，结果把我的人生都毁了。第三个噩梦则发生在我过生日的前一天，没有任何人祝我生日快乐。

前面三天，我试图忽略发生的事情——尽情地享受白天的宁静。但是我终究还是得面对夜晚。如何面对呢？我必须接纳这些梦。于是当我醒来时，我抓起笔记本将梦写了下来。我参加的那个静修营不鼓励书写，大部分静修营都是如此，他们把书写看作是一种逃避，觉得你沉溺在创作之中，因此要求修行者把所有的能量都灌注在静坐和慢走上，在这两种练习的过程中直面并且释放妄念。我是个守规矩的人，虽然自己带静修营的时候，我认同并且会采纳书写这种方式，但是在参加其他静修营的时候，我还是会遵守老师的要求。可是这一次，我打破了规定，决定听从自己的想法，因为我知道自己需要什么。我静静地书写，不告诉其他人，不破坏静修营里的安排。经由书写，我把身心安顿进了更深刻的完整性里，包括噩梦中的魔鬼，夜晚的可怕动物，我与它们和解了。之后，当我静坐时，我可以感觉到更完整的存在感和友善。黑暗森林中的小伙伴，那一团原本我无法接受的东西，它们和我一同静坐。我还能要求什么呢？这种体验再一次拓展了我的心智界限。不再有任何限制。

2. 躺下

学会用平躺的方式修行也很重要。有时候我们会生病，会背痛，会遇到很多突发状况，这时如果可以学会用平躺的方式冥想，我们就能继续练习。对于大部分人而言，除非死于非命，否则离开这个世界的时候，都会是躺着的。我很希望我们可以正确地练习并一直坚持到人生的终点。临终那一刻，你觉得自己是在吸气还是呼气呢？据说人会在呼气的时候离开，并伴随着轻微的声响。但是这样的体验只有我们自己知道。

在"真正的秘密"止语书写营中，我们会在禅堂摆放许多垫子，足以让三四位学生同时躺下。一般情况下，很多老师会担心学生睡过去，甚至打鼾。但是我们实施这个方式十二年，从来没有人睡着过。学生们选择躺下，都是出自充分的考虑，有时候是出于好奇，有时候是因为疲惫，还有一些人是想对原来的静坐方式稍作调整。身体累了，换个合适的方式继续练习，这不是很好吗？社会上有很多人都活得很累，过度地驱使自己，既焦虑，又期待，还恼火。怎么做才能让我们随时躺下都可以与这些能量和谐共处，体察自己的呼吸呢？或许你确实会打一下盹，但是你也会感到精神焕发。如果"躺下"可以被你纳入练习的结构模式中，它就不会成为"睡衣派对"或者"通宵留宿"式的体验，它会成为探索你身体的紧张、疲倦以及临终姿势的一种方式，而不是对懈怠的投降。

解除止语
Breaking Silence

　　如果你觉得保持静默很难，你会发现，当止语书写营结束的时候，打破静默更难。在活动进行期间，我们也会时不时打破静默：有时候要打电话回家看看孩子们是否安好，或者问候生病老去的父母。但是如果可以，请尽量简洁。止语书写营中的生活状态和平日截然不同，当你打通电话的时候，便切入了那个忙碌的世界，那边的生活和氛围会穿越一切重新找到你。

　　尽量保持静默，或者将沟通音量降到最低，用耳语或者传纸条的方式沟通。努力让自己沉浸并且享受静默，但是也请不要做那第三个角色——看到旁人传纸条或者说话就气得要命，忍不住谴责。我年轻的时候曾经把很多时间用在评判别人身上。不必在意他人，专注在你自身的宁静上，其他人就干扰不到你。

　　当书写营接近尾声的时候，重新回到说话的状态可不是容易的事情。这让我想起经书中的一句话：愿我们自在随心。我想这句话强调的其实是转换：自在随心，和自己保持联结，指的是从一个时刻到下一个时刻，不论起起落落，顺境逆境或者发生任何改变，都不被动摇。我们不可能永远待在工作室里画画或书写，甚至不可能一直工作——我们不可能一天二十四小时都在忙碌。我们总是需要停下来，搭公交车、回家，迎接配偶、孩子，或是面对空空的公寓。

愿我得喜悦

愿我得安宁

愿我得自由

愿我自在随心

愿我得平安

愿我得健康

我们一旦进入止语书写营，就知道它会有结束的一天。日子飞速逝去，不知不觉就到了最后一天。修行的过程中我们一直在不同事务——静坐、慢走、书写、吃午餐、睡觉、起床之间转换，我们的情绪、思想和感觉也在经历种种变化。到最后，我们还要适应一重变化：从静默到开口说话。上课的时候，虽然没有开口讲话，但是我们已经了解彼此。当我们保持静默、一起修行的时候，其实开启了另一种层面的沟通，而且经由书写、大声朗读，我们更加深刻地感觉到了彼此。

记得当初跟随片桐大忍禅师修行时，结束的那一天，没有讨论，也没有煽情的表达，我们一如往常地静坐。那是最后一次。当铃声响起时，我们鞠躬。老师一言不发走出禅堂，上楼回到他的休息处。与此同时，学生们下楼，走入地下室，穿上鞋子和大衣，开门，纷纷走上街道。

一开始，我完全不知道如何控制一周以来体内累积的能量，结束时我简直疯了。我一直说话，对丈夫说，对朋友说，下巴失去控制。我又重新拥有了美妙的能力——说话。如果是夏天，我会三更半夜骑着自行车，在空荡的、沿途长满绿树的中西部街道上疾行；如果是冬天，我会踩着雪地靴走进哈根达斯店，坐在窗户边，点一份咖啡冰激凌，浇上热巧克力，舀起一大勺送入口中。看着结冰的窗或者下雨的街道，心中无限感慨：一切多美啊，为什么大家不停下脚步感受一下呢？

片桐大忍禅师因癌症离世以前，我从他那里获得的最后一次教导，是我们从艾奥瓦州（Iowa）新阿尔比（New Albin）附近的法镜寺（Hokyoji Monastery）开车回明尼阿波利斯市（Minneapolis）的三小时车程上。他坐在副驾驶的位置，我坐在司机身后的座位上。当时我们刚刚结束一场为期七天的禅修，很辛苦，每天早上五点起床，晚上十点爬进睡袋。九月底的山谷，四处凝结着早到的冷霜，禅堂是一个临时搭建的大帐篷，上面也结了霜。我们年轻的身体里累积了大量的能量。最后一天，止语解除，我们沿着密西西比河行驶，一路往北。每隔一段时间，车里某个人会说些话。大部分时候，我都安静地看着窗外。

片桐大忍禅师转头，望向后座的我。"很好，"他说，"很好。"

我从未与我的这位日本禅师有过多谈话，但是我们之间始终传递着对彼此的理解。

我立即明白他在说什么——从止语到开口说话，我过渡得很平顺，我有了定性。我表现得不再像一只刚被放生的野猪。当最后的铃声响起时，变化发生，而我控制住了它。

"真正的秘密"止语书写营的最后一晚，从安息日的仪式到晚餐之间的这段时间里，止语解除，学生们似乎有说不完的话。餐厅里的一张小圆桌被单独设置为"静默餐桌"，如果有学生受不了吵闹，可以来这一桌就座。但是没有人去那一桌，也许有人想去，却抽不开身，喋喋不休的吸引力如此之大。整个餐厅一片喧闹。

五年以来，最后一顿晚餐过后，我们会安排大家回到禅堂看电影——这和当年我的亚洲禅师教导我的方式已经截然不同。影片的选择有很多，包括《恍然大悟》(*Enlightenment Guaranteed*)、《拉姆·达斯，激烈的恩典》(*Ram Dass, Fierce Grace*)、《我是你的男人》(*I'm Your Man*)、《山村犹有读书声》(*Être et Avoir*)、《情迷鲍勃·迪伦》(*Tangled Up in Bob*)、《闻香识女人》(*Scent of a Woman*)、《城市岛屿》(*City Island*)、《情人》(*The Lover*)、《更好的世界》(*In a Better World*)、《沉静的美国人》(*The Quiet American*)、《布达佩斯之恋》(*Gloomy Sunday*)等。这些电影很有建设性，也很有吸引力，可以让我们安静下来，平息说话的欲望，填补那个内心新生出的空间——它既让人振奋又让人恐惧。看电影可以管一些用，但还不够。

上一个六月的书写营，最后一顿晚餐时，餐厅内的气压飙升。坐在我左边的，是一位我很喜欢的老学生，一直在不停说话，仿佛整个大海都要从她的口中倾泻而出。我不得不极力控制住自己，才不至于在吃饭中途跳起身，大喊："闭嘴！"

我只能站起身，靠在桌边，用这个姿势吃完晚餐，只为和这位学生保持一些距离。我感到绝望。

"娜塔莉，你干吗要站着吃饭？"她弯着脖子，抬起头问，终于暂停了喋喋不休。

"哦，我的背疼。"我撒了谎。

够了，我想。我必须做些什么。

到了下一次止语书写营，结束止语之前，我增加了一道流程：所有人分作三人一组，每当我摇铃时，其中的一人可以开口说话，限时三分钟，而且每个人说话的过程中必须停顿四次，调整状态，另外两个人保持安静，耐心倾听。每一轮我都会给出一个说话的主题。

第一轮：说说这一周最难忘的事情。

我在各组之间走动，倾听。

第二轮：这一周在书写这件事上，你学到了什么？

我提醒说话的人要有停顿，要保持呼吸，不要急迫。

第三轮：这一周在静坐这件事上，你有了什么新的了解？

任何相关的主题都可以。这一周你在进食、睡觉、呼吸、倾听、慢走、欲望等方面，学到了什么？

我提醒他们：止语解除以后，当我们来到餐厅时，要对话。所谓对话，意思是一个人说，另一个人倾听，彼此都要有停顿的意识，换着来。不要忘记这一周中你学到的，不要只顾着一个人唱独角戏。

一个学生恳切地问我："回家以后，要怎么和家里人描述这种经验呢？"

不需要描述。我的回答是：你只需要保持安静，将学习到的东西实践到你的日常生活中。回家问问妻子她这一周过得如何，然后倾听。请记住，90% 的书写其实和倾听有关。如果你善于倾听，信息自然会传递过去，她会明白你在这边学到了什么。她会心想：噢，他确实进步不少。

另一个学生问："我负责的是行政管理方面的工作，回去以后要怎么适应？工作中我经常同一时间被很多人催，要这个要那个，这个不行那个不行，要求又多又着急。"

我转向他：记得我们刚刚练习的停顿吗？这些停顿可以帮助你回到自身，帮助你呼吸，重新感觉自己身体的存在。

我下定决心，一定要让这最后一次的晚餐有所改善。一个主意涌上心头：我指定一个学生担任助手，每隔十分钟便用手中的刀子轻敲一下玻璃杯——叮，就算话说到一半，我们也必须停下来，回归静默，做三次呼吸。

止语解除以后，头十分钟的嘈杂被打破了。"叮！"忽然而至的静默让所有人大吃一惊，我看到许多震惊的脸——我们在哪儿？嗡嗡嗡说个不停，轻而易举就把一星期学到的东西抛在脑后了？经过第一次停顿以后，接下来大家的交流就平静多了。我小声对自己说：很好，很好。

七种正念的态度

Seven Attitudes of Mindfulness

正念，意味着苏醒、清醒。当我们带着正念穿越一天的日常时，我们是活生生的、专注的，无时无刻不接受着外界的信息。我们不是易碎的、盲目的、紊乱的、麻木的、紧绷的、亢奋的——或者至少我们能够觉察到这些状态，对自己的境遇怀有慈悲。下面列出的七种态度，提醒着我们世界上还有另一种活法。它是一种解放，让我们脱离苦海。

1. 不评判（nonjudging）

2. 耐性（patience）

3. 初心（beginner's mind）

4. 信任（trust）

5. 不争（nonstriving）

6. 接受（accepting）

7. 放手（letting go）

这七种特质能够帮你更好地书写、静坐、慢走，同样也适用于当你面对下属、上司、朋友、爱人和对手的时候。它们应该成为我们的生活态度，但我们常常很容易就忘记。如果需要，可以将它们写下来，贴到冰箱上。

第三部分

书写的方法

大解脱袈裟

超越色空场

身着书写教义

普度众生

——摘自禅诗，略有改写

书写的起点

At the Beginning

关于书写，我认为最重要的一条原则：不要阻挡你自己。放开你的意志和想法，让更大的东西进来。

我知道肯定有人会反对：如果我想写一本小说呢？

放手仍然是最好的办法。

尤其在一开始的时候，不妨放下"小说"的念头。至少两年时间，只做书写练习，找到真正让你痴迷的东西是什么。写小说需要花费很多的能量和时间，而在你痴迷的事物中就蕴藏着巨大能量。找到这些能量，将它们化入你的小说创作中，便可以将本来或许会破坏你人生的那些东西转化为热情，足以扩展你的生命。

不要用干巴巴的教条来指导小说创作，比如：我要写第二次世界大战期间一对恋人的故事。你会在白纸最上方写下第一个字，开始写第一句，然后告诉自己：我不想用这个字开始这部小说。于是你删掉它，一小时后，你已经删掉十二个字，还完全不知道应该从何开始。

反之，从你那些奇奇怪怪的痴迷入手——威士忌、购物、美国内战、北达科他州、德国汽车、猫、老房子或者干麦片，试着去写，看看会发生什么。

但是，很多声音会质问你：娜塔莉，好女孩怎么会这么去写一本书呢？我甚至听到这句话从我的祖母的口中传来，据我所知，她一生都不曾有过书写的渴望。

祖母，我不知道其他的方法。我只知道我必须去流汗、去体验死亡、去爱、去游泳、去搭乘火车，只有尽全力用所有方式去体验一切，才能创作。我知道，这不是一个努力想要嫁作人妇的犹太好姑娘应该做的事情。请原谅她吧，也许她永远不会结婚。

例如，有一位学生说，她只是要写十页关于父亲的文字，没那么复杂吧？坐下直接开始写不就可以了吗？

或许可以，或许不行。要试试看。

书写是发现之旅。如果你希望写出生动鲜活的东西，不妨这样试试：花一周的时间，用十篇十分钟限时的书写来描述你的父亲，写得越疯狂越好。如果你脑子里冒出来的是洋葱、卡车、大海、稻草、黑色的鞋子一类的东西，不要抗拒，跟着这些线索，看看它们会把你带到何处。看起来不合逻辑的细节往往能把你带向更深刻、丰腴的地带去理解你的父亲。还有，不要担心写出重复的东西。

一个星期过后，重读这十篇文字。时间会冷却热血，你会将你写的东西看得更加清楚。当你和文字的联系不那么紧密的时候，你会发现当时写下的东西竟然会焕发出耀眼的光芒。就是这样，把它们拿过来，看看手上的东西如何。如果这些文字没有发光呢？那就放掉它们，不要舍不得。全都不行？没关系，那就下周再试一次。

如果有些写得不错，但是还不够呢？

其实你知道接下来该做什么：拿起笔，继续写。你必须脚踏实地去做，而不要光想。光有想法是不够的，必须采取行动。

同时，我们的人生自有其轨迹。不论你如何尽力组织每一天，生活似乎自然会形成另一番面貌。某种更大或者不同的结构透过我们在运作着。我说的可不是什么神秘力量。我们会遇到堵车、下雨、雨刷坏掉、孩子的老师找我们谈话、屋外有一朵玫瑰花开了、超市鱿鱼降价特卖、头疼发作、打开后门忽然想起去世的哥哥、他人的需要、意外的电话、猫生病，这些都还算好的。对某些人来说，他们遇到的是炸弹、地震、乳腺肿瘤，或者四十年的婚姻结束的征兆——某个清晨你闻到配偶身上有香水味，但不是你的。这些都是日常可能发生的混乱。

回顾过去的五年、十年，你会发现生活内部确实存在着某种秩序或者因果在起作用。不论是不再和某位老朋友联络，还是国家发生经济危机，这些事情都不是无端发生的。

这就是需要拿捏的平衡了。我们要下定决心，运用意志拿起笔（或键盘）来书写，但我们也需要知道，个人的意志不是万能的。书写的时候，大自然里的云和太阳、肩膀的酸疼、昨夜糟糕的睡眠、还未缴清的账单、儿子吹口哨的回忆等，让它们陪伴着你，不必排除这些"杂念"。这样一来，一开始我们就是从更广阔的地方出发，让这些念头喂养我们的书写。与其执着于"我一定要写出一部伟大的作品"，将干巴巴的东西写到纸上，一改再改，不如让丰富的、独一无二的生活引领你，支持你。不要与你心中认为的"障碍"较劲。

两个星期前，我带了一个书写结合瑜伽的工作坊，和自己长久以来的瑜伽老师苏珊·沃尔希斯一起合作。课上我给学生布置了简单的十分钟书写作业，题目是：你想写什么？

我自己也写了作业，闲庭信步，慵懒地完成了一段书写（也许是因为做了瑜伽）。

我没有什么特别想写的，但是有些事情确实对我很重要。早年的时候，还没有人认识我，我开着"甲壳虫"穿越内布拉斯加州。当时的我决定扔下一切，重新出发。我去圣保罗待了一年半，当时正逢《雷与电：揭开写作的奥秘》（*Thunder and Lightning: Cracking Open the Writer's Craft*）要出版，于是我过去帮了些忙。我住在距离格兰德大道一个街区外的小公寓里，就在大河画廊（*River Gallery*）下边。如今看来，那一年半的生活简直就是关于"何谓书写"的教学范例：一开始你有个想法，觉得自己要去某个地方，但是旅程一旦开始，最后的结果可能截然不同。

本来，我去圣保罗是为了研究《宁静之书》（*The Book of Serenity*），同时帮忙带一个静修班。结果却是什么？我坐在一个点心很不错的咖啡馆里，一边喝茶，一边开始写《伟大的失败：意外的真理之路》（*The Great Failure: My Unexpected Path to*

Truth）这本书，内容是关于我如何发现自己敬仰的禅师和学生们维持着秘密的男女关系的。后来，我告诉学生们，书写自有轨迹，让它完成它自己，正如我所经历的——你本来要去做某件事情，结果却发生了其他事情。十一年后回想起来，我当时的种种改变合情合理。写作的时候，我面对的是美国禅学界的阴暗面。谁都不曾想到，我来到圣保罗会发现这种事。深夜，春天的黄色雷暴雨让我久久无法入睡，清晨，我不需要在五点起床负责敲铃报，每天睡到很晚才起床。

　　我们决定要做某件事情，最后却常常驶向另外的方向。

　　我们是如何到达这里，或者某个地方的？因为很久很久以前，我们种下了一颗种子，或者在波士顿的书店读到一本书，外加一位朋友离世，然后忽然发现自己置身以前从没来过的新墨西哥州，这里气候很干燥，但是到这里以后，你开始书写心底一直真正想写的东西。你跟随着生活的轨迹，最后属于你的道路终会出现。

　　如果你一直和书写保持着联结（而不是六年间从不动笔），和书写的朋友们保持联络，一直阅读，用心地倾听，那么你最终会写出想写的东西，也许不是以你想象的方式。

　　瑜伽修行的那一周，我好几次问学生：你是怎么到了这里？一个好的书写主题往往包含很多层意义。你可以回答："我坐飞机，然后租车沿格兰德河旁边的峡谷一路开过来。"你是怎么到了这里？你也可以回答："当年我的母亲在琼斯海滩，她二十三岁，身穿黑色泳衣，有着好看的深色皮肤，一头令人惊异的蓝黑色卷曲长发绑成马尾辫，光芒四射。我的父亲正是那片沙滩上的救生员。"你是怎么到了这里？你还可以回答："我的外祖母想书写，我也想书写。我们都感到迷惘。"

我们如何书写？对我而言，那像是一种遥远的气息，来自东方，来自地平线上的遥远之处，或者是在雾中，尾随在飞快穿越堪萨斯州的火车之后的一个声音。那辆火车承载着我内心的未解之事，我必须用笔追上它，拿到它，重新理解它。

书写是魔法，非比寻常，但是我们必须拿起笔，顺着生活的轨道去追上最后一节车厢。决心、实践以及彻底地放下，会让我们回到那部小说，或者那个关于我们父亲的故事。

爱的故事

Story of Love

好，就是现在，什么都不要想，拿起笔（或者键盘），去写。接下来整整一个小时，写下你的"爱的故事"。

某一次书写营的第四天，我这样对学生们说。当时他们已经习惯了课表安排和止语的节奏，忽然之间我打破了一切。书写整整一小时？他们的表情看上去就像刚从水里出来——眼睛睁得老大，下巴耷拉着，拿起笔，没过多久，房间里只剩下沙沙的写字声。

写完以后，有几位学生大声读出自己的作品。有人写到自己人生中的三任丈夫，其中第二任丈夫胖到一百三十六千克。有人写到正在闹分手的弗吉尼亚州爱人——他喜欢打猎和射击，会使用弓箭，虽然在闹分手，但对方实在太性感了。有人写到蒙大拿州的土地，持续干旱三年以后，这个夏天又遭遇洪水。有人描写她的丈夫因为全球变暖的加剧而放弃在大学的科研教职，如今在帮人修理汽车，让更多人不必购买新车，他觉得自己至少在为解决环保问题做些实事。一位来自得克萨斯州的学生写到他的新女友，对方有两个儿子，他还迟迟没见过；他记得她的牛仔裤后口袋插着一支牙刷。还有一位学生写到自己对风的热爱，写了十七小段。

那个晚上我问他们，这些故事中，你们觉得什么地方是我认为最有意思的？

我常常提出类似的问题，表面看很无理——他们怎么知道我在想些什么呢？但是当你要研究某位作家的作品时，你其实是在研究他的心智。不是他早餐喜欢吃什么，跟谁结了婚，而是他思考的方式，他在书写中寻找什么，他被什么指引，他在特别关注什么。了解另一位作家的脑袋可以帮助我们塑造和打磨自己的头脑。这正是人们学习和传承书写的方法。

沉默，所有人都陷入了思索。一位新同学忍不住说："好啦，告诉我们吧！"

"不行，最好的学习是你自己寻找答案。努力会让你保持饥渴，让内心创造出一个空间来吸收。"

我再次面对所有人，问："没有人想到吗？"

终于有学生尝试回答，结果却差得很远。不管怎样，尝试总是好的，起码你调动了自己。

最后，我道出答案："我觉得有意思的是，在这一个小时里，所有人都围绕某个主题一刻不停地书写。比如，如果让你写新西兰某个虔诚的宗教家庭里的一段完美童年往事，主题够明确了吧？你一定能够全力以赴地写出完整的故事。而现在你们就做到了这种程度。这次书写不像平常那些练习，脑子里思绪蹦来蹦去，不停变换着主题，而是主题非常明确、集中、完整。最终我们的练习都会抵达这个阶段，你能驾驭自己的思绪，让它沿着一条轨道稳稳前进。但是这一个小时内，你的大脑其实比平时还活跃，发现了吗？"

大家点头。

"这次练习告诉我，你们已经有了定力。比起那些好听的故事，我对你们心智的结构更感兴趣。所以让我们更进一步：你要如何延伸这个主题？说说你的故事主题是什么，然后延展它的范围。"

大家立刻有了答案：

关于性与爱的故事

关于愉悦的故事

关于咖啡的故事

关于失望的故事

关于甜点的故事

关于荒漠的故事

关于惹上很多麻烦的故事

关于离别的故事

关于种番茄的故事

好，在这张清单上，哪些主题和其他主题不同？

咖啡和种番茄。这两个主题比较具体，给到了更多方向。

很好，你觉察到了这一点。

没有人提到关于孤独的故事，我加上。

书写是一种交流行为。我一边写下，一边鼓励大家说出更多："再来，给我更多主题。"

关于哀伤的故事

关于羞耻的故事

关于安全感的故事——虽然只撑了三分钟，有人开玩笑说。

试试其中的一个，或者全都试试。

然后我抬起头，手中握着笔："不错，我的书第二章内容有了。"我开怀大笑。

新来的学生不知道我在开玩笑。她大声说："那我也要偷你的点子写进我的书。"

"我正希望如此，反正大家都这么做了。"

铃声响起。那一晚接下来的时光，我们恢复止语。

关于亲吻

Kiss

你琢磨过"亲吻"这件事吗？我敢打赌你不仅想过，而且有过亲吻的经验。可是仔细想想，亲吻是多么古怪的行为。想象一下你去卢浮宫对着蒙娜丽莎的脸大亲一口，那是怎样的场面？嘴唇、舌头、口水混合，牙齿相碰，彼此贴住对方的脸和鼻子，我们在做什么？第二次世界大战结束的时候，一位水手在时代广场拥住一位穿白色护士制服的陌生女人，拖住她的后腰，亲吻她。人类疯了吧！鸭子能明白这是什么意思吗？蛤蜊呢？树呢？

作家喜欢描写初吻。你是不是也一样？但是你能写出别人还没写过的东西吗？关于亲吻，还有哪些可能？

让我们看看威廉·肯尼迪[1]写的《紫苑草》(*Ironweed*)。

---

1 威廉·肯尼迪（William Kennedy，1928—），美国作家、记者，代表作《紫苑草》曾获普利策小说奖。

我从图书馆借来了一本平装本，书中第 155 页他是这么描写的：

……他意识到一个吻就和一个笑容或者一只疤痕累累的手一样，它们都是生命的表达。吻可以从下往上，也可以从上往下，有时来自脑子，有时来自心灵，有时只是来自胯下。随时间缓缓逝去的吻，只可能来自心灵，而且会留下甜蜜的气息；来自脑子的吻总是试图在别人嘴里把事情搞清楚，事后不会留下印象。如果一个吻，能够结合胯下、脑子再加上一点心灵的感觉，就像卡特里娜的吻，定会让你一生为之疯狂。

肯尼迪写得有些哲学性，他先将亲吻分类，描写不同的情况，稳扎稳打，一步步靠向重点。写得真好啊。我们忍不住一边读一边猛点头。

接着肯尼迪写到重点，他在纽约奥尔巴尼（Albany）的木材堆上发生的初吻。接下来的文字中，肯尼迪打破一般的语法和标点符号的使用习惯——正如接吻的感觉——没有句点，只是一段长长的不换气的句子。毫无保留。

请出声读：

接着你在"基比贮木场"有了飓风一般让人天旋地转的初吻，那个吻来自大脑、心灵和胯下，也来自放在你头上的那双手，来自那对还未发育成熟的乳房，来自紧紧抓住你的双臂，也来自时间。时间记录了这个吻可以持续多久而不让你厌倦，要知道多年以后除了海伦之外的任何吻都会让你感到无聊。那个吻也来自游走在你的脸和脖子之间的手指（卡特里娜也有那种手指），来自她被你紧紧抓住的肩膀，尤其是她背部中间凸起像天使翅膀的骨头，以及那双不停睁开又闭上的眼睛。睁开眼睛是为了确认这吻还在进行而不是幻想，当你知道这是真实的，便可以安心地再次闭上眼睛。这个吻也来自舌头，老天爷啊，那个舌头，你得问她是从哪里学来的，除了卡特里娜以外没有人这么棒，可是卡特里娜结婚又有了孩子，她知道怎么做，但是安妮，见鬼了，安妮，你从哪里学的？还是说你经常在这个木堆上胡来？（不不不，我知道你从不这么做，我一直知道你绝不会。）所以像安妮这样的女人，她的吻自然而然来自身体每个部分。还有，这个吻也来自弗朗西斯注视着的这张嘴，里面长满新牙，还有嘴唇，类似的嘴唇他见过许多，但已经不想亲吻它们了，除了在回忆中（这一点视情况而定）。他的目光超越了这张嘴，进入这个女人存在的本质，一个初始的原点，这个原点让他想起一切，不只是几年的记忆，而是几十年、几个世代、千万年的记忆。他很确定，不论和谁坐在一起，只要有这种感觉，不管在远古洞穴还是沼泽旁的木棚，或是北奥尔巴尼的木材堆上，他和她都知道彼此身上的某些东西不能再单独存在，他们必须成双成对，互相承诺生命中再不会有第三者出现（确实再也没有了），两人将忠诚于彼此、属于彼此。他们必须说出其他人也会说出的那些摧毁大脑的蠢话，这些话和时间的永恒无关，而是和两人认定彼此之间永恒的牵绊有关。没错，先生，这两个人，或者任何年纪的弗朗西斯们和安妮们，同时在那个时刻发现彼此之间发生了什么，让他们不再是两个人，而是必须成为一个人。

这就是那个吻的意义所在。

一个半月后，弗朗西斯和安妮结婚了。

很多年前，我第一次遇到肯尼迪的这本书，随后我在纽约、波士顿和威斯康星州的麦迪逊开设的书写营都朗读了这一段。十年以后，也就是最近，我在南卡罗来纳州（South Carolina）查尔斯顿（Charleston）的学生们面前再度朗读这段。这就是身为老师的美妙，教授自己热爱的事物，你能够一再地重复，直到它们成为你身体和脑子的一部分，直到你分不清自己是威廉·肯尼迪，还是威廉·肯尼迪就是你。一切都变成流动的——娜塔莉·戈德堡的《战争与和平》，娜塔莉·戈德堡的《包法利夫人》。朗读这些段落时，你呼吸着作者的呼吸，你在他们的脑海中遨游。这就是书写的传承。

当我在南方那个被两条河流环抱的美丽小城——查尔斯顿读到这一段的时候，我几乎拜倒。整个段落一气呵成，没有句子结构支撑住我，我好像要倒在地板上，嘴唇先着地。仅仅朗读就是一种如此美妙的体验。

谁会注意纽约州的奥尔巴尼呢？威廉·肯尼迪住在那里，推崇那里，不仅把它写进一本书，还写进了三部曲。要写作，你不需要住在巴黎、大瑟尔[1]或者纽约城，让你所在的城镇细节成为你笔下的主角。据说，奥尔巴尼是个贫穷小城，没有什么特色，大多数居民是中下阶层、失业者。道路布满裂痕，停车场空旷，冬季严寒而漫长。但是现在奥尔巴尼已经成为一个文学小城了，许多很棒的小说都描写了它。肯尼迪写出了它的气质和精髓，让我想要去拜访那个地方，开车慢悠悠地感受其

1　大瑟尔（Big Sur），美国加利福尼亚州西部风景区。

中每一条街。最好是在春季，最好是开一辆一九五九年出厂的蓝色老式别克。

我确实飞到奥尔巴尼一次。当时我要去佛蒙特州的某家书店，那是最快的路线，接我的司机是奥尔巴尼人，他让我坐在副驾驶位上。

"开口问啊，娜塔莉。"我鼓励自己。"工作以外，平时您还有时间读书吗？"

"不太读。"他摇头。司机五十来岁，他告诉我家中还有两个儿子和两个孙子，妻子健在。他聊到大儿子的失业，以及今年夏天他脚踝受伤导致一段时间没法开车。

我装作随口一问："您读过威廉·肯尼迪的小说吗？"

他的脸亮了起来。"没读过。"他摇头说，"但我知道他，我们都知道他，并且为他感到很骄傲。有时间我应该读一读。"

现在我和他之间有真正的联结了。我问他小时候喜欢去哪一带玩，街道两旁种的是什么树，他的初中学校是否有窗户。我还问他奥尔巴尼街上是不是真的有很多醉汉，因为那本书里的主角弗朗西斯就是其中之一，他经常流落街头。现在我可以问任何问题了，因为我们进入了文学和想象的领域，我的司机哈利也意识到这一点，我们的聊天有了共同的背景。

这就是作家的影响力。你来到一个地方，却不觉得遥远和陌生。通过文学，你理解了这片土地的内在世界，因而你也会被好奇点亮。

肯尼迪曾经很长时间都找不到对他的作品感兴趣的出版

社，最后不知怎么，手稿落到了伟大的美国小说家索尔·贝娄[1]手上——也许是朋友的朋友的朋友几经辗转，贝娄慷慨地阅读了它。

接着，贝娄打给他的出版商，说："如果你不出版这本书，以后我再也不跟你合作了。"

出版的那一年，《紫苑草》赢得了普利策小说奖。

最后让我们分析一下肯尼迪是如何描述他笔下的吻的。首先他讨论分析了吻的不同类型，然后一头扎入那个真实的体验。选一个能够激发我们热情的人或事物吧，某个足球运动员、前任、一杯咖啡、浓郁的奶昔、滑雪雪橇、和平、嘴唇或者膝盖。

让我们学他那样写，首先为它们分类，比如慢跑鞋有哪几种？分别有什么样的功能？对此你能写出什么新意吗？然后停顿一下，再尽情发挥——说说你拥有的某一双慢跑鞋。你曾经穿着它去过哪里，为什么，做了什么，和谁一起——将你的笔伸向整个宇宙，想象奔跑的感觉，行走的感觉，自由的双脚踏在人行道、草丛和网球场上是什么样的感觉。打破那些分类、想法和界限，跟随你的灵感，一直奔进大雨中。

1　索尔·贝娄（Saul Bellow，1915—2005），美国作家，诺贝尔文学奖得主。

书写和画画

Things to Draw

今年夏天我去了阿斯彭美术馆（Aspen Art Museum），在书架上发现一本名叫《642件可以画下来的事物》（642 Things to Draw）的书，没有署名作者，没有介绍，就是一本厚砖块似的大书，封面是校车的明黄色，里面全是空白——要么是整页空白，要么是用格子切成一半或者四分之一或者三分之一。每一页的左上方印了一个名词：某个人、某个地方或者某件物品。你可以在空白页画出它们在你脑海中出现的样子。有时候是一句话，比如"平静的街道"。总而言之，这本书很丰富，像一道盛宴，里面充满了蛋白质和各种可能性。我立马抱起它，买回了家。

我把这本书带到课堂上两次，因为我有了一个想法：如果我们用文字来画画会怎样？

首先可以热热身：试着把这些东西画在你的笔记本上。你不必成为米开朗琪罗，只需要拿起笔，用不同的线条，花一到三分钟时间画出下列物品即可。

枪

麦根沙士（啤酒）

公交车站

卡车

网球拍

鸢尾花

一种发型

复活节兔子

螺丝起子

煎蛋

全麦面包

杰克·凯鲁亚克[1]把自己的诗称作"速写"，写出当下眼前发生的事。文字是自由的，可以跟随想象去往任何地方，如果眼前是你搁在咖啡桌上的双脚，那就写这个。另一方面，发生在"眼前"的事，也可以指之前发生的事、你的过去、你不知道的事、你的未来，以及这段时间发生的一切，尤其是所有疯狂古怪的想法。所以"用文字来画画"的含义很广，而这正是书写的妙趣所在。你可以去到任何地方，可以很疯狂。所以和这本书空空如也的形式相反，它充满了内容——给你一个名词，它就是锚，是我们创作的起点。

1　杰克·凯鲁亚克（Jack Kerouac，1922—1969），美国作家，"垮掉的一代"代表人物。

我对学生们说:"布丁,开始,你们有五分钟时间,用文字把它勾画出来。"五分钟是我们平常限时书写时间的一半。短时间的限制下,大家像飞奔的马快速冲出栅栏,每根神经都集中在这个名词上,一步步朝着目标缩小、精炼、直击核心,同时打开更广阔的感官。他们不顾任何障碍,认真地写,努力地寻找,强迫体内储存的一切冒出来,写,写,写。

布丁

盒子里的布丁粉,巧克力口味。当然,后来有香草、焦糖和覆盆子口味,味道也不错,但是先不必管,现在是一九五九年。打开盒子,把布丁粉倒进平底锅,加两杯牛奶混匀——二十世纪五十年代的人都很关心营养。很好,牛奶中加入了粉状的化学物质,我搅拌起它们。那是家的味道,是一切美好的事物——飘窗外有一些树,古铜色肌肤的祖父穿着蓝色短裤站在晾衣绳下,床单悬晾在四周,一根未点燃的斯托吉雪茄叼在他的嘴角。

我们又做了几次练习:

汤匙

我们在床上窝着,像两把汤匙。你在后面,身体弯成与我同样的姿势,你的腿在我腿后,稍稍弯曲,你的前胸贴靠在我的后背。被单覆盖在我们身上。夏天的夜晚,纱门敞开,蟋蟀在叫,隔壁四只烦人的吉娃娃朝着四处游荡的浣熊吠叫着,浣熊吃东西时会灵巧使用它们可爱的手掌。月光完美。覆满深色绿叶的棚架上,葡萄正在成熟。

番茄还没有熟，所以浣熊们不吃，它们在等待覆盆子变得深红，等待低矮的树叶下开出白色的花，结出草莓。清晨四点，空气越来越凉。

沙丁鱼罐头

小小的、优雅的鱼并排躺着，在寂静幽暗的油里永远躺着。你拉开罐头，经历漫长的等待，迎接芳香的盛宴时刻。这些鱼多年前就死了，现在又活了过来。请将一罐沙丁鱼放进我的坟墓中，四十年后，当我饥饿难耐时，会循着未燃的煤灯散发出来的隐约香味醒来，享尽美味，浸入油滋滋的天堂中。

给我两罐，我渴望更多，比人行道上那两枚等待被人拾起装入口袋的五分钱镍币的渴望，还要强烈。

香水

汽油的味道，涂抹在被损害者的耳垂后，诱惑未知的事物，带着希望。噢，水手的传说。噢，穿蕾丝的女人。噢，无法言说的饥渴，尾随街角和港口的花香，渴望着陌生，驱使着欲望和未来一代。香水确认我们生活的延续，制造着麻烦和希望。它像巴黎一样古老，从不妥协，比熏味奶酪的气息更加有力，比柳树的生命还要繁盛。在工人们的身后，芬芳引领我们穿过破碎的一代又一代人，渴望着培根，渴望着栀子花，渴望着女人的大腿和夜晚的酒。

杯子蛋糕

够了，不再写了，也无须更多咖啡，什么都不用了，除了脚上的袜子和憋在喉头的嗝。有点累，但还好，又老了一些，没法像以前那么快了。回到古老的诗歌，回到所有邪恶与烟尘的根源。我在《香水》那首诗里应该使用"烟尘"，但现在，火熄了，第二天早晨我们又只剩下自己。累了，老去的心还想要更多，即使双手正在变冷。所以我们吃了一个杯子蛋糕。

全面打开自己，让自己无处藏身，也许你也不知道自己写了什么，这种书写，我们命名曰"子弹书写"。

我翻阅那本黄色的大书，上面还有许多适合书写的主题，比如初恋、电。你要怎么画"电"？必须很具体，但是文字本身不是具体的。更何况，事物的本质又往往不是它们表面呈现的那样。再比如更多的主题：房屋中介、维生素、杯垫、办公园区、棉签、薯片和蘸酱、奶酪、午后、吃剩的食物、火烈鸟、骰子、打字机、咖啡纸杯、猫的胡须、有轨电车、足球、电话亭、手风琴。

虽然没有作者，但是翻阅的时候，从这些名词中我感受到了创造这本书的人——温文尔雅，关注社会，关心人类和日常生活。他或者她，假设是女性，假设她的名字叫作艾伯塔，她应该喜欢漫步在城市中，将自己看到的事物记录下来。"有轨电车"泄露了她的性情，我想象她在地势高高低低的旧金山街头走来走去，优雅从容，不挡任何人的道。书里没有序言或者介绍性的文字，只是请读者随心涂鸦，想怎么画都行。没有优美的结语，没有过程的展示，没有最终的成果。你只是做你想做的。艾伯塔最终找到六百四十二种事物，甚至都没有凑个整数，她完成了这本书。

你的四周有什么？将目光投向它们，不要错过。现在是初秋，万物开始萧条，成熟的覆盆子、最后一批待摘的番茄、向日葵、波斯菊、南瓜、辣椒、微风、清晨太阳升起前那一丝冷意、在街角迅速转头能提前闻到冬的气息、葡萄藤缠绕着直至最后一刻。一切都在迎向我们，不要背过身去。就算你会感到无力承受，也要亲临。接纳降临到你生命中的一切。

清单体

The List

人人都有自己的购物清单，有时候当你读到别人的时，会发现清单本身就很有趣。书写也可以借用清单的形式，打开更多的可能。清单不一定要竖着写，也可以横着写，它可以唤起你关于某些事物的全部感觉。

试试以这些开头，然后往下列出你的清单，尽量写得具体、准确：

我背负着什么？

最简单的事情是什么？

离开之前，我想告诉你……

（某个人或某个地方）在我的生活中留下了什么？

这些主题可以帮助你有个不错的开始。没有画龙点睛的第一句，不论后面清单的内容多么有趣特别，也只是罗列。开头

第一句话是整个作品的核心。举个例子，看看这张"清单"：亚利桑那州的峡谷、镇上的垃圾场、棒球场、大角山脉（Big Horn Mountains）、六十六号公路、购物中心、飞往洛杉矶的航班的 23D 座位、弗吉尼亚州的一座士兵墓冢、郊区房子的后院。这是要表达什么？请注意，开头来了："这是一本诗集，它传达着诗人对美国某个地方的迷恋，仅此而已。"这句话之后，才是刚刚的那些名词。现在你理解整个"清单"的意义了吧？它出自加里森·凯勒[1]的诗集《好诗，美国的地方》（*Good Poems, American Places*）序言。接着他写道，这本诗集中每一首诗都是"某一刻对于某个地方的回忆"。这真是一种理解诗歌的美妙方式。

让我们看看艾伦·金斯堡的诗：

伯克利一间奇怪的小屋

整个下午都在摇摇晃晃的棕色篱笆上摘黑莓

低矮的树枝，树叶底下垂满腐烂的老杏

在新马桶精密的肠道结构中修复漏水之处

在门廊旁的藤蔓里找到一个不错的咖啡壶

从猩红的灌木丛中滚出个大轮胎，把我的烟藏起来

弄湿花朵，洒满阳光的水逐一在它们身上弹奏

返回来再多给四季豆和雏菊一些神圣的浇灌

绕着草地转了三圈，心不在焉地叹气

1　加里森·凯勒（Garrison Keillor，1947—），美国作家、主持人、演员。

我的奖赏，花园从角落一棵小树上摘下李子喂我

一位天使关心我的胃，和我那为爱痛苦的干涸的舌头

看得出来吗？金斯堡这首诗是由一连串华丽的清单构成的，请注意，诗歌的标题"伯克利一间奇怪的小屋"，就已经是整首诗的开头了。

"清单"是一种结构，开头那一句话足以让它们变成文学。

试试以这些句子作为开头，如果写不下去了，回过头，把它们换掉，再重新开始：

我想要告诉你……

我在想……

我在看着……

我是如何爱上生活的……

清单可以很简单，但是请让我告诉你，它们是书写真正的脊柱之一。

深爱的一个地方

Loving a Place

　　二月下旬一个周六的傍晚，前往北达科他州俾斯麦市（Bismarck）的途中，我在明尼阿波利斯市停留了两晚。只要在这里过夜转机，达美航空就会优惠两百美元。

　　我站在领取行李的地方等老朋友艾瑞克开车来接我。天气很冷，冷到让人亢奋，你完全无法忽略这种感觉。机场入口一名交管人员正在驱赶一辆停留过久的福特车，我和他打了个招呼。

　　"天哪，"我大喊，呼出的气变成白雾，"你竟然没戴帽子和手套，简直疯了！"

　　"我感觉不到冷，"他露出大大的微笑，"我在这儿从小长到大，零下二十摄氏度我才戴羊毛帽。"噢，是的，这就是明尼苏达州人，他们热爱漫漫长冬，从不畏惧。

　　我努力辨别着那些开过来的汽车，不知道哪一辆是艾瑞克的。最终他开着一辆很大的白色丰田车过来了，我把硕大的行李箱扔进后座，自己坐进副驾驶位。车沿着一条被铲开的窄道行驶，今年气温跌破了纪录，两边的雪被铲雪车堆到两米半高。

看到我屏住呼吸，眼睛睁很大，吃惊得下巴掉下来的样子，艾瑞克笑着说："噢，我可太喜欢冬天了。"

第二天我们开车经过富国银行的停车场。十二月、一月和二月的连续降雪过后，这里被铲雪车推开的积雪已经有三米半高，我们不得不伸长脖子才望得到顶。我的朋友卡罗尔说："你知道，很久很久以前的冰河时期就是这样，雪太多了，多到夏天都融化不了。"

我相信她。我想这就是爱，再明显不过的事实——有些东西是原始的，不论你怎么试图文明化它。相信我，明尼阿波利斯在努力变得文明起来，那里有无数的咖啡馆，你可以坐一整天，加里森·凯勒和路易斯·厄德里克[1]在当地开了两家大书店，还有一家大型二手书店叫"马格斯&奎因"（Magers & Quinn），位于亨内平街（Hennepin）和31街的交会处，就在露西亚面包店旁边。在那里你可以买到美味的羊角面包、曲奇和各种甜点，因为这里是小麦的故乡，每个人都懂烘焙。

我和卡罗尔一起去逛明尼阿波利斯艺术学院（Minneapolis Art Institute）。和我一样，卡罗尔也不是本地人，她在北达科他州的一座农场长大。自从上次造访，这里又盖了一栋侧楼。学院的面积越来越大，在贫瘠而酷寒的土地上延伸着。屋里很

1　路易斯·厄德里克（Louise Erdrich, 1954—），美国当代女作家，最具声望的印第安女作家之一。

温暖，在这里可以领略各种文化之美——法国的油画、佛像雕塑、从明尼苏达州走出去的摄影师拍摄的作品。穿过画廊，我们走到一扇玻璃窗前往外看，光秃秃的黑色枝干，映衬着街道上肮脏的积雪。现在是下午四点，灰色天空透出微弱的光。我们在很北的北方，注视着一切，感受最真实的画面。

"嗯，还真美。"卡罗尔不无讽刺地说。事实上她烦透了冬天。"和当年一样美，就像（二十世纪）七十年代你还住在这儿的时候。"

今年冬天，卡罗尔家的屋顶糟糕透了，她只能往旧尼龙袜里塞满盐，然后丢到屋顶上。盐把厚厚的冰块化开一条小缝，这让她在房子还没有被积雪压垮之前，可以有个着力点敲开坚硬的冰层。

卡罗尔是当地有名的皮肤科医生。我问她："干吗不在弄断你自己的脖子之前雇个人干这些活？"

"没办法，只要能干我就一定自己干。"屋顶漏水，她爬上去修；水管坏了，她跪下去修。这是我俩之间的老笑话了。北达科他州的女人出了名的能干。男人去打仗，女人自己干农活。仗打完，男人回家，人也废了，女人不得不继续干重活，如此传统就一直延续下来。

和这边的老朋友聊天，一半的话题都围着天气。我听得饶有兴趣。完全不是无趣的闲扯，而是生活中的即刻分享。

一位朋友告诉我，她有三个邻居在冰上滑倒了，摔到髋骨骨折。"其中一个滑倒时，头撞到路边的冰块，从此搞不清楚自己是谁了。"

"这么冷的气候，还不如忘了自己是谁呢。"我咯咯地笑。

星期天一大早，我把自己裹得严严实实离开艾瑞克的家，绕到三个街区以外的卡尔霍恩湖（Lake Calhoun）散步。我全副武装——厚羽绒大衣、厚羊毛帽、双层针织手套、真丝打底衣，还有一双好靴子。以前在这里生活的时候，我才三十出头，开着一辆没有暖气的米色大众甲壳虫车。早上我驱车去中央中学教书，以时速一百千米的速度汇入早上七点的高速公路的车流。我必须把车窗摇下来，刮掉上面的霜壳才能看到外面。十二月初的气温可以降到零下二十摄氏度，一直到春天才会回暖。四月，春天缓缓地来，到了五月，绿意盎然，你几乎要相信严冬再也不会回来。

或许，这个星期天早上的散步，让我终于与这里可怕的天气达成和解了。我好像根本不在乎严寒了，我的脸上围着羊毛围巾，不知道现在是零下十一摄氏度、九摄氏度还是四摄氏度，反正冷到某个极点就无所谓了。就是冷，像奶油里面倒进奶油，你根本区分不出程度的差别。一对情侣走过，牵着的可卡犬竟然穿着靴子，看来就连狗也忍受不了人行道上结的冰。

几年前，艾瑞克，一个坚毅的明尼苏达州人，向我展示了他是如何在卡尔霍恩湖上静坐的。他拖了一个垫子放到冰面上，上头又铺了个软垫，然后朝四个方向鞠躬，在垫子上坐下。太阳逐渐落山，他依旧纹丝不动。他说："这种练习很愉快，我希望有一天会流行起来。"

两位女士慢跑超过了我，之后又有一位男士牵着狗经过，除此之外，只有我一个人。我加快脚步，手指尖要冻僵了。我无法相信自己竟然会毫无理由地爱上这个地方。当然，我在这里遇到了我伟大的禅师，在他家附近的地方一住就是六年。是的，我在这里学到很多关于书写的东西，我参与了"驻校诗人"的教学计划，然后在一所多民族和种族的小学当过两年驻校作家，并获得一份丰厚的州政府奖金，用这笔钱我去了以色列旅行，最终成为一名作家。但是当我来到一棵朴树前，望着平滑雪白的湖面，汽车在身后疾驰而过时，我明白，爱是没有原因，毫无道理可言的。

终究我不属于这里，就像我曾经遇过的几个真爱，他们都不适合结婚或者安定下来，却满足过我内心最渴望的部分。很多年过去，想起他们的时候，我的心中仍怀着赤诚，怀着无法被驯服的爱意。除了冬天，没有人会说明尼苏达州是个蛮荒野地，但是对我，一个从纽约布鲁克林来的第二代犹太女孩而言，这里就是我的美国边疆。我遇到过很多人，有的在艾奥瓦州的农场长大，那里靠近庞然宽阔的美国之河——密西西比河。我看着人们在冰上凿洞、钓鱼，也去了州界最北边的夏日小屋，后来我回到明尼阿波利斯市，虽然在这里我没有家人，没有根，只是一个陌生人身处陌生之地，但它是我的精神故乡。

我常常写明尼苏达州，试图摆脱自己和它之间奇怪的联结。大部分明尼苏达州人觉得我讨厌这里，他们错了。当我书写一个地方时，即便拿它开玩笑，它也已经长进我心里。

我的朋友米莉安说我会执迷于某些地方，就像有人爱车，有人爱老房子，有人爱衣服的设计。可是这些执迷透露出了关于我们自己的什么呢？

我想到母亲，她为美而着迷——杯子、盘子、毛衣、鞋子、大衣、帽子、餐垫、地毯、沙发、灯具、窗帘、耳环、戒指、茶碟、刀子、叉子、汤匙。这些精致的小物都是她进入更大世界的入口、她的快乐之源，帮她逃离日常生活的污垢。我希望她的快乐来自我们——我和我的妹妹。但是她无法把心全部放在我们身上。色彩、质感、形状才能真正地打动她。

星期一我继续前往北达科他州。我还没见识到真正的冷。从俾斯麦向西到蒙大拿州边界附近的迪克森要开一个半小时的车，目之所及是一片贫瘠的冻原，地平线与天空相交，没有任何阻挡视线的东西。我们正在穿越白色的真空地带。狂风在高速公路上呼啸，汽车摇摇晃晃。当车沿着华美达酒店的停车场一路颠簸时，我才进入另一个世界。在我开门下车的地方，地面的硬冰有六十厘米厚，表面坑坑洼洼。

"现在太冷了，撒盐都没有用。"来接我的这位善良的教授解释道。他写过关于马克·吐温和查尔斯·约翰逊（Charles Johnson）的书。

大厅里很暗，弥漫着烟味。禁烟法还没在这里获准通过。迪克森附近的土地里发现了石油，去年有几个农场主就此成了百万富翁，听说他们把钱看得很紧。整个州的人口不到一百万。

我这次是来拜访迪克森州立大学的学生们，他们心态开放，做好了准备，外加一点点懒。他们期待我的来访能带来快乐，而他们只需要坐在那里接受就好。

我发出指令："好了，现在每个人站起来，脱掉鞋子。"

我教他们像火烈鸟那样单脚站立。"我们必须保持平衡——不只是身体，也包括心智。任何一个杂念都会让我们失去平衡。"

然后我们弯下腰，碰触我们的脚趾。"这么做是为了我们的老背。"我对这些十几二十岁的学生们开玩笑说。

"好了，你们可以回座位了。接下来我们轮流介绍自己，名字、在哪里出生、喜欢的一种食物。"

克莱尔说："中国食物。"

"要精确，哪种中国食物？"

她做了一个鬼脸，表示不知道。

继墨西哥食物、薯泥、牛排、汉堡之后，一位来自蒙大拿州的女孩说："苹果酱。"所有人大笑。

"好，想一想我们为什么会笑？作家都会审视人的心智。"我示意他们先暂停。

她旁边的年轻女孩说："因为苹果酱太普通，你不会想到有人说这个。"

我点点头，继而发现她竟然穿着一条百慕大式的齐膝短裤。此时屋外是零下十一摄氏度。我指着她的光腿："你疯了吗？"

她耸了耸肩膀："我是本地人。"

"所以你敢和冬天对着干？"

"并没有。"她微笑着说，看得出她很喜欢受到大家关注。

课程最后一天，我让大家列出童年记忆中的事物。

我的小妹妹在啃我的鞋

气温降到零下五十摄氏度时，山羊被关进家中厨房

父亲的口哨声

名叫约瑟夫的男孩读二年级的时候去世

校车停靠，车门打开

第二天，两位教授开车带我前往西奥多·罗斯福国家公园。气温是零下十摄氏度，远处的山上，我们看到了野牛，更远处还有一些野马。

"关于这些野马有些说法，你要听浪漫版还是历史上的解释？"

"都想听。"我说。

"第一种说法是，这些野马是印第安酋长'坐牛'[1]的马的后裔，当年他知道一切已经结束的时候，便把它们放生了。"

"我喜欢这个说法。"我看着窗外宽广冰冷的冻原说。

"历史上的说法是它们是农场上被淘汰的畜牧马。"

"重获自由，于是它们变成了美丽的野马。"我跟着说。

离开北达科他州的时候，我心想，有时我们只需要轻轻挠一挠生活的表面，便能感应到许多潜藏的觉醒时刻。但是班上那些学生、善良的老师，并不知道自己是觉醒的，也不知道自

---

1 坐牛（Sitting Bull，1831—1890），美国印第安人苏族亨克帕帕部落首领，一度被视作印第安人的精神领袖。

己有多可爱。对于大部分人来说，"觉知"不是我们追求的品质。我们忙于为了生计挣钱，希望考试取得好成绩，期待着春假。"觉知"属于另一个国度，但我们应该要认出那个国度，明白对于那个地方的爱，可以变成一种未来的开始，一种对过往的省思，一张映现着我们的热望和希冀的地图。

简短练习长篇大论：连续一周在咖啡馆书写

A Long Chapter on a Short Practice: A Week of Writing in a Café

凝望，窥视，聆听，偷听

死之前知晓一些事。你

不会在这个世界待得太久

——沃克·埃文斯[1]，1960

有时候你可以尝试一种简短的练习：连续七天去同一家咖啡馆，同一个时间，同一个座位，记录下你跟前发生的一切：听到什么、看到什么、闻到什么、尝到什么。不必解释，只需记录。

我曾经和书写营的学生们提到这种简短练习，似乎除我以

1　沃克·埃文斯（Walker Evans，1903—1975），美国摄影师、摄影记者。

外，谁都没有什么兴趣。终于，我决定自己试试。

十月底感恩节过后，我下决心接下来连续七天，每天中午都去峡谷路的咖啡馆里写作，花二十分钟的时间记录下眼前发生的事情，包括偷听到的对话、坐在桌前的人们、来来去去的人们等。我承认，带着笔记本电脑可能效率更高（咖啡馆有无线网络），但我写了很多年，属于老手了，用纸和笔就能捕捉四周的言谈举止。我计划把这件事当作简短的探索练习，看看感觉如何。

可是第一天我就不想干了。我胃疼，为什么偏偏挑在中午，在一家所有人都在大吃特吃的咖啡馆里？我在想什么？应该把时间定到早上。很快我又想，这种练习其实更适合新手，虽然听起来很有意思，但是我从中学不到任何新的东西。那是个星期五，感恩节后的第一天，店里挤满了前来观光的家庭团和朋友们，而我一个人在这里写作。熟悉的低迷情绪又来了——孤独的作家。哎，我为什么就不能去当个殡仪承办人、水管工、快餐店的厨子？偏偏要当个作家？

娜塔莉，闭嘴。这是你自己定好的，你已经来了，第一天，坚持下去。不要搞这么多内心戏。

一半逼迫一半自愿，好歹我坚持下来了。虽然七天里我只有一天准点到达，而且中间缺席了一天——但是最后也补上了，不管怎样算是完成了。

并不想承认，虽然第一天强烈抗拒，但是到现在三个星期过去了，我发现自己学到了很多。第一，很高兴看到娜塔莉这个老女孩依旧能坚持完成对自己的承诺。第二，我发现自己时不时会想起那些写过的人，虽然相遇如此短暂。第三，我发现自己能更好地感受他人的对话了。就在上一周的"真正的秘密"止语书写营，当我带领大家从禅堂到院子里慢走的时候，厨房里有两个人在大声说话。换作以前，我会将它们当作普通的杂音直接忽视，心情不好的时候还会因为工作人员不遵守止语规定而生气。但是经过咖啡店的练习，我的感官变得敏锐了。说话的两个人是什么关系？我听出来他们高昂的语气里带着兴奋。不管那个男人说什么，女人都开怀大笑。为什么？因为他们在调情。当我理解了他们的生命与活力，我自己也变得更加充满活力。

接下来，分享我在咖啡馆的一部分书写记录：

十一月二十七日，星期五

十二点零五分，峡谷路的咖啡馆，感恩节过后，中午我准点赶到这里。自从和学生们提到这个练习，我就一直想尝试。接下来开始吧：

"需要用电锅煮十八分钟。"

"这是米、枫糖和奶油。哈维，对于天然全食来说，它们太腻了。"

"麻烦请给我来一份小的。"

"你查过胆固醇指数了吗？"

"我要小份的。"

"我的指数是 249。"

戴着白色帽子的小宝宝被抱出去了。

一位戴金边眼镜，穿红色滑雪夹克的男人把杯子拿到餐车上。他转过身，肚子大到夹克衫拉链都要被撑开。隔壁房间的门边插着一把枯萎的无花果。

满头黑色卷发的年轻人坐在我旁边读着一本厚书，我瞥了眼左上角的标题：《生命本身》（Life Itself）。他穿牛仔裤，喝掉杯中最后一滴咖啡，把书翻过来扣在桌上，起身去续杯。那本书的作者是比尔·布莱森（Bill Bryson）。很快他走了回来，杯子里什么都没有，我猜门口的餐台排很长的队。他看了看迷你手提电脑，又继续看书，身体倚靠在桌边。

之前提到自己胆固醇很高的那个女人说："你的羊肉很美味，一点也不腥膻。我确实发现了一种山羊奶酪，牌子叫牧羊人，没有腥膻味，但是前几天晚上我看着它觉得颜色发红，我就吃不下去了。"

一个女人走了出去，右肩挎着皮包，左手拿着粉红色甜筒冰激凌，正好遮住了脸。

"吃东西的时候聊肠镜检查也太恶心了。"

穿灰色毛衣和牛仔裤的服务员高喊："十三号，十三号在哪里？"

另外一间房，面朝我坐着一个女人，背挺得很直，敲击着膝盖上的手提电脑。她穿橙红色毛衣，背后放着植物。

我身旁的年轻人翻了翻杂志上的电影时刻表，又在迷你电脑上查着什么。

他戴上帽子和手套，对我说："真拿不准要不要出去。外面好冷。"

我问他："你这是哪种电脑？"

"摩托罗拉。"

"这本书怎么样？"

"如果你对科学感兴趣的话，还挺不错的。"

"你是学生吗？"

"我在新墨西哥州大学修课，同时在圣菲研究所兼职教书。"

"噢，跟杰弗里·韦斯特[1]吗？"

他点头。

"如果站到阳光里，就不会那么冷了。"他离开了。

"我妈妈是犹太人，她很严格。我爸爸就不一样，不管我做什么都行。"

"我想不起那个词了——噢，怨恨——有些人对原生家庭有怨恨，所以故意走上相反的道路。"

"我的球鞋简直是世界上最紧的。"

她伸出穿着黑色球鞋的脚："这个牌子的鞋我有好多双。"

十一月二十八日，星期六，12:10

今天迟到十分钟。感恩节过去两天了。为了养胃，此刻我正在喝康普茶（Kombucha），这是一种发酵茶饮，味道不错又暖和。我真想去外头写，但规矩是必须坚持在同一个地方，严格说应该是同一个座位，但在咖啡馆里不太现实，所以我选了之前座位旁边的圆桌。

我昨天的位置上，现在坐着一对情侣，两人在桌上手牵手。男人穿浅灰色运动衫，背朝着我。女人——两个人都三十多

1　杰弗里·韦斯特（Geoffrey West，1940—），理论物理学家、城市科学学者、圣菲研究所教授和前任所长。

岁——穿深青色 T 恤，上面印着：摇滚，拉斯维加斯二〇〇九。她把透明玻璃茶杯举到嘴边，喝了一口水，手托着头，倾听男友聊着自己的父亲。"还是那样，脑子迷迷糊糊，眼睛也不舒服，我什么都干不了，所以昨晚想都没想就回家了。"

"是的，你说过了。"

"以后我肯定会去的，"他语速很快，他要她理解自己，"现在你可以看到了，不全是我的问题。我只是不相信，我只相信你。"

她身子往前倾，摇头。她画着细细的眉毛，直发垂肩，手指甲修过，没有涂指甲油。

"现在你知道我想要什么了。"他说。

他希望从她那儿得到很多理解和支持，他的口吻仿佛在说，到我身边来，理解我。

现在她说话了，口齿利落地说起他们昨晚遇到的一个女孩，语气中带有一丝防卫。

一对男女推着婴儿车从过道经过，小婴儿穿着粉红色夹克衫。

我伸手拿起茶杯，还没点东西吃，离开的时候我会在小费箱里放一美元。刚才经过点餐台，已经没吃的了，过了中午的饭点。

"绝不——"她说。

她笑了，"不"字拖成了三个音节。

"我的感觉就是这样，我们不需要慢慢来——除非你想。说说你的想法吧。"

她回答的声音很低，我听不清。

现在他们在争吵了。

"我从没说过那种话。我还把你介绍给了我的家人，是你说你的家人从来不过感恩节的。"

"我说我妈妈不过感恩节。"

他们的斜对角坐着另一对情侣，趴在厚厚的书和笔记本上写着笔记。男生戴着黑框眼镜。

大厨走进来四处张望，海军蓝白色条纹 T 恤外面套着白色围裙，头戴着棒球帽。

星期天，略过。

十一月三十日，星期一

昨天不应该缺席的，但头一天实在睡得太晚。我不知道昨天没来是不是感觉很轻松，明明是我自己决定要一口气连续坚持七天的。其实也没那么难，难的是每天上午开始。好吧，今天是星期一了，我早到了一小时。准备就绪，兴致勃勃。也许昨天没来也没关系。

咖啡馆的正午。

壁炉旁的圆桌边坐着两个穿一身黑的男人，脖子都挂着十字架。其中一个看上去比较硬汉，戴黑色帽子，有胡子，黑眼圈很深。另一个看上去柔弱一点，穿教士服，长长的金色胡子，秃头——我知道我得小心一些，不能一直看他们。硬汉男刚刚就注意到我了。此刻我身体前倾，试图听清楚他们在聊什么。穿教士服的牧师在说话，另一位则在倾听，我听不清内容，只能听到几个单词：基督徒、教堂、印度教教徒。好像硬汉男身上发生了什么事：

"我准备把这事儿弄大。这个镇上大部分派系都是新一代教徒，我知道他们大部分都……"接下来的内容就听不清了。

我左边的女人正看着电脑，穿浅灰色衬衫，绿松石色的大衣挂在椅背上。她斜对角桌上的人我看不到，只知道穿的是深绿色衬衫。

我点了半个三明治外加素蘑菇汤，味道不错，但我觉得好冷，左手缩在两腿之间。

硬汉男用单调的声音说着什么，牧师只说了一句话。

屋内忽然响起墨西哥音乐，不知道谁在放。穿深绿色衬衫的人起身去洗手间，但门反锁着，他又走回座位。头发花白，秃顶，穿牛仔裤。

硬汉男继续说："我想弥补，我不应该表现成那样，这是我的疏忽……"接下来又听不清了。

一对亚裔情侣走进这间房，又走了出去，寻找座位。

讨厌这个房间，又冷，椅子又硬。硬汉男开始打量我，我不能继续望着他们了。

两个男人从后门进来，裹得严严实实。店内热闹起来。一个房间有人在重重咳嗽。淡黄色的墙皮，角落里有三堆塑料杯，堆叠着放在水壶旁边，然后是刀、叉、勺子，都用餐巾包着。一瓶塔巴斯科辣酱油、两个糖罐，一个木罐里装着代糖。我的桌上也有这些糖包。

牧师说话很冷静，但这不代表他真的冷静，也许是受过的教育让他表现如此。他说："简直是灾难。"

"现在都交给你了。"

牧师点点头。

带电脑的女人去了厕所，穿深绿色衬衫的男人也去了。牧师和硬汉男还在激烈聊着，他们处于整间房的能量中心。"我希望被理解。"硬汉男的脸像被什么刺到，整个歪掉，右嘴角提了起来——他在认真听牧师说话，现在我可以观察他们了。他手上还拿着玉米片。

"我可以礼貌地提出质询吗？"他问。

如果你问我，当然没问题。硬汉男太依赖牧师了，他应该更信任自己一些。

十二月一日，星期二，12:14

我发现自己总是很难在中午准时抵达。1990 年海湾战争刚开始的时候，我和罗伯·怀尔德（Rob Wilder）每天中午坐在圣菲广场抗议，举着的牌子上面写着：为中东和平静坐。有时甚至冒着摔断脖子的危险横冲赶到，因为我们觉得此事至关重要。如果你是和朋友一起做某件事，准点很重要。很多人问我每天怎么度过，其实他们想问的是，我什么时候写作，而我没办法回答他们。

一个女人从房间经过——现在整个屋子都空了，只有我坐在壁炉旁边，远处播放着雷鬼音乐。经过的女人又走了过来，身上的香水很难闻。她自言自语："就坐这儿吧。"然后便坐到我旁边。噢，该死，难闻的香水。他们给她端来一杯饮料，不知道是不是茶。她擦了粉，抹了口红，我敢打赌她不是本地人。新墨西哥州人和游客，你一下就能看出来区别。

也许在练习结束以后我会问她，让你们知道答案，但是现在不行。除了妆容和香水，我得出结论的另一个原因是她正在吃烤全麦三明治。所有人都知道圣菲的人对麸质小麦过敏，我们都过敏。

这个地方有病，不要搬过来。

　　我有写过天花板上挂着灯笼吗？上面的中国字竟然是假的，写些真正的中文是会要了他们命的。木地板很脏，桌子下面掉了许多食物碎屑。这里的服务很慢，点餐台永远拥挤，但是食物不错，天气好的时候坐到室外的马路牙子上，简直舒服得像天堂。以前我来这儿从不坐里面，可为什么偏偏在十一月底这个寂寞的感恩节选择待在这儿呢？阳光透过玻璃照到我的身上，我看到自己的影子落在桌面上，钢笔的阴影划过纸页。忽然一切变得可爱起来，你、你的心和这个世界，还有正在喝的巴黎水，一切仿佛回到过去在咖啡馆写作的时光。

　　一声惨叫，然后是一阵大笑，有人在隔壁房间摔了一跤。我抬起头来。戴米色棒球帽的女人在我隔壁沙发上坐下来。我打赌她也不是本地的，只有游客才会在感恩节刚过去的星期二来这里。哦，对，还有我这个独自在绿色笔记本上写东西的怪人。

　　好吧，我放弃了。我问香水女人："你是本地人吗？"

　　"是的，"她说，"你也是吧，你以前住在陶斯。"

　　"你知道我是谁？"

　　"你想念陶斯吗？"

　　我完全想错了。"是的，"我说，"但是我爱这里。"

　　一个大个子男人进来。"派翠西亚吗？咱们换个地儿吧，别打搅了，人家在写东西。"

　　"没关系，我快写完了。"我说，"不然我会把你俩的对话也写进去的。"我们都笑了。

　　你看吧，我什么也不知道。谁是本地人，谁不是。

十二月二日，星期三，中午

我发现，习惯的建立需要一些时间。今天我直接来了，一点抗拒也没有。昨天和那位香水女人聊天才得知，大概十年前她跟着我上过两个星期的课。好吧，她很可爱，请忘掉我前面说的那些化妆和香水的事情。我必须对自己愚蠢又挑剔的大脑进行深刻反思。我闻到从厨房飘来的香气，我猜是鲑鱼配山核桃，但不是我点的。坐在圆桌前，身后的壁炉让我的身体暖乎乎的。角落里坐着个女人，背对着我，灰白色短发，身披栗色和黄色的袈裟。和她一起的是个说话带有外国口音的男人——微笑着，她正在大笑。他有一头微乱的卷发，明亮的蓝色眼睛，穿黑夹克。听不清他们在说什么，只能听到一些口音。

一个体形较大的女人在我和"比丘尼"之间的座位坐下，手机靠着耳朵，右手臂挂在身旁的椅背上。她看起来很不开心，听着手机上的语音信息，满脸写着惊愕，然后叹了口气，望出窗外。她喝了口巴黎水。后来她的朋友也来了，两人挥舞着手势聊天。

"我想最重要的是要记得。他想招待他的客人，客人们要去参观体验主教屋（Bishop Lodge），然后顺路去陶斯玩一趟。他可能跟你说了很多，你必须想一想他说过的话。"

"你提到了一个包裹，那是什么？"我听得到大块头女人讲话，但听不见她朋友说什么。

现在两个人都在看着电脑了。"你知道我的比特犬不喜欢我用电脑，它会低嚎。"

坐在对面的女人歪斜着身体，手倚在桌上。她画了很浓的眼妆和口红，我不想猜测关于她的任何事。

"我不需要推销陶斯，人人都想去。"

服务员从后面房间进来，往火里加了些木柴。

女人皱起眉，双臂交叉等待她的食物或者饮料。

餐厅的服务台上摆放着《纽约时报》，我进来时瞥了一眼上面的标题：意大利因学费上涨爆发骚乱，欧洲疯狂刺激经济，柏林地铁修建时在地下挖掘出纳粹埋藏的现代艺术雕像。

女人点的东西终于来了。她露出一丝微笑——法式咸派。

只能听到那个大块头女人在说话："我是个老社工，很难不留意到别人在盯着我们看，我希望他们可以对客人们好一些。"

"也许下次吧。"和"比丘尼"坐在一起的男人说。

对面的女人伸手拿盐。桌上放着一大杯水，里面插着吸管。她小心地吹冷叉子上的食物。

大门上方的出口标志指向门廊和皇宫大道（Palace Ave），街道对面的窗框被涂成鲜艳的蓝色。

手机响了，对面的女人一边回话一边吃东西。"是的。"说完放下手机。

"我认识蒙特·萨格拉多酒店的总经理。我喜欢听他聊这边的生意。他们努力吸引团客过来举办婚礼和会议。他们喜欢办活动，而他总是能想出好点子，那些主题活动都很棒。费城过来的人就喜欢这个，这附近还有很多牧场资源。"

女人吃完咸派把餐具收好便离开了，很少人来这儿只为了填饱肚子。这里适合聚会打发时间，来这儿喝茶不就是为了消磨时间吗？

这次重读，我发现自己喜欢这里那里到处评价，但是一开始定下的规则就是不要评价，只是记录。对此我能说什么呢？

没有任何借口，我做得不够好。

所以，为何不试试这种简单的书写练习呢？你会做得比我好，比如选择一个更加现实、合理的时间。可以是你工作附近的咖啡馆——最好让它与你的生活融合到一起，连续七天。你也可以选择在你孩子的游乐场里进行，各种情况都有可能会发生，但是请记住：记录下发生在你眼前的一切，包括看到、听到、感觉到的。当然"发生在眼前"这句话也可以是隐喻，它可以是退回来的支票、重病的父亲、海外服役的儿子。但是请不要迷失在你自己的问题里。去观察房间对面那个抱着小娃娃的女人，当她一边喝着咖啡，一边跟对面喉结突出的男人说话时，小娃娃是怎么拽她的围巾的。让具体的世界承接住你，让你扎根。

我还有一个想法，你也可以选择森林里的一个地方。没有人类的对话，但是每天在同一个地点，会让你更好地理解自然，与自然合一，同时也会让你必须将你所不了解的事物转化为语言。

还有一种练习的角度，不是依靠语言。我的禅师朋友，约翰·戴多·卢里（John Daido Loori）告诉我，他曾经跟随著名摄影师迈纳·怀特（Minor White）学习，怀特让他的学生们花一下午时间寻找一处让自己觉得舒服的地点，坐下来冥想，直到那个地点召唤他们按下相机快门。只能拍一张。这和用手机不停地"咔嚓"可不一样。想象一下那种深度，慢慢地进入专注状态，你与你目之所见，与你周遭的一切融为一体。

十年前，我在一家咖啡馆尝试过另外一种练习，确切地说是在明尼苏达州的圣保罗市格兰大街上的"面包 & 巧克力"咖啡馆里。

整整六个月，一周两到三次，每次在不同的时间——大部分是在下午店里没人的时候——点一杯热茶放在桌上，双手握住热乎乎的高脚杯，就这样静静地坐四十分钟。喝茶只是做个样子，其实是在静坐和冥想。吸气，呼气，在社会中练习。时间一到，我便会买上一块刚烤好的热巧克力曲奇，慢慢吃，一小口一小口地吃。

现在，很多人都失业，倒不如好好利用这段暂时不需要工作的时光。切入你的烦忧之中，花一些时间练习。往后回想起这段时光，你也许会心怀感恩。

这个练习也包括环境，即便在嘈杂的咖啡馆里，也要让心安宁和扎根下来。练习的时候我们不要想着能得到什么。在连续性的简短练习中，可以确定的是，你会收获你自己。还有什么比这更棒呢？你就是你，不是其他任何人。不是伊丽莎白女王，不是基思·理查兹[1]，或者那个发明脸书的年轻男孩，甚至不是维纳斯·威廉姆斯[2]或者麦当娜（Madonna）。你看你多幸运！

1　基思·理查兹（Keith Richards，1943— ），滚石乐队成员之一。
2　维纳斯·威廉姆斯（Venus Williams，1980— ），美国网球选手。

六字回忆录

Six-Word Memoir

如何让我们的练习保持生气呢？不久前我听一位学生说，最近几年她都在努力写一本复杂的书，一部分是某位艺术家的传记，一部分是她自己的回忆录。这本书计划今年年底完成。这很好，很有雄心，但是要小心。你的书写有可能会变得僵硬，没有空气，没有呼吸，没有乐趣。（提到练习的时候，我经常使用"乐趣"这个词。是的，乐趣在最高的意义上说是一种游戏感，一种整体性。世界按照它应然的样子运转，一切本就完美无缺。）

她说自己近期的写作变得拖泥带水。请注意，这就是信号——提醒她需要改变了，至少要放松一些。

至于我自己，有时我会让身边的事物提醒自己，比如手边的鸡肉三明治（也喂饱了我），桌上的一杯水或者从书架上拿下的《不尽如我愿：六字回忆录》，没错，这本书的名字已经给了我们答案。

　　某个十月的下午，我用这个点子来激活自己以度过书写的低潮期。那是一个星期三，书写营的第二天。学生们经过漫漫长路，抵达陶斯，来到这里安顿好一切，一开始的新鲜感和兴奋慢慢褪去，内心的抗议声也跑了出来：你到底来这里做什么？于是我对他们说："让我们做个练习，用六个单词来写回忆录。"话刚一出，所有人一下子被点亮，好像我朝他们泼了杯冰水似的。"五分钟的时间，不要细想，写好几句，看看你最喜欢哪一句。"

　　他们的作品如下：

我的歌声从未被人聆听

太快活了，真想蹦跶

修缮中：请勿近观

你不能带着我一起

二十四个地址，还是没有家

布鲁克林女孩很争气：父母大跌眼镜

亲爱的艾比[1]，多余的免费建议

卖车，不包括轮胎

定时炸弹需要一个显眼的起爆装置

这艘船要驶往何方？

数学家族中的精神修行者

尖锐的铁丝网刺穿了我的美国热血

1　亲爱的艾比（Dear Abby），美国报纸知名咨询专栏。

他的翘臀让我口水直流

孩子抬起头，尖叫

再见，谢谢关爱

一半自传：哦，我好惨

你的美独一无二

以前对父亲撒谎，现在对自己

报纸为什么要消失？

婊子、恩人、种族主义者、恐同、美貌：母亲

懒惰或疲倦：又怎样？

嫁给犹太拉比，仍是女性主义者

金钱是控制的通货

以前叫残废，现在叫残障，都是人

言行像真正的人

斗鸡眼，内八字，很聪明

猫、狗、情人、孩子、更多狗

我的想法总在变

没上过学的祖母，无限可能的孙女

有时候我们使用太多文字，用力过度，这让我们感到困惑，真正想表达的反而被遮蔽。现在，桑德拉，回到你正在写的书，有没有可能其中的一章全部是由生动的短句组成？可不可以用一种全新的视角继续你的书写呢？

关于年龄

Age

有些年岁提出问题，

有些年岁给你答案。

——佐拉·尼尔·赫斯顿[1]

最近一次长达一年的止语书写营，至少有五位女学员的年纪超过七十岁。虽然我们会设想自己到了七十岁、七十三岁、七十七岁会如何如何，但事实上我们根本不知道，这些学员可以告诉我们答案，她们每一位都有不同的生命经验。我们需要倾听。如果足够幸运，有一天我们也会活到那个年纪。

---

1 佐拉·尼尔·赫斯顿（Zora Neale Hurston，1891—1960），美国女作家、民俗学家、人类学家。

第一天的早上，一位七十八岁的学员弯身穿鞋时，臀部脱臼了。救护车赶来，医生用力帮她把脱臼的部位复位，直到晚上她才回到房间。这是个糟糕的意外，我以为她会打包行李回家，但是当我去探望她的时候，她迫不及待想要开始上课了。

"我才不会退课。"她语气强烈，手中拿着笔和笔记本。

我看着她在零下气温中，蹒跚地走过结冰的路面。后来的每一节课，她总是准时到达。

班上有一位二十八岁的年轻女士，她在硅谷从事软件方面的工作。我也曾经二十八岁过，过着不一样的生活，当时还没有电脑。我们也需要她来告诉我们，二〇〇一年的二十八岁是一种怎样的生活。

还有一位女学员刚过四十岁，住在布鲁克林；一位学员五十岁，有个九岁的女儿，住在得克萨斯州的奥斯汀；一位六十四岁，丈夫是亚特兰大的医生；一位四十七岁，住在佐治亚州的雅典城；一位六十二岁，来自迈阿密；一位五十八岁，住在墨西哥的某个小镇上。

重点是每个人的年纪都不一样。即使年纪一样，他们的人生也不一样。我的四十五岁和你的四十五岁一定是不同的。如果你仔细看，没有两个人的人生完全一样。想想你所在小镇、所在州、所在国家甚至不同国家的所有人。我们常常会做许多预设：他们是法国人，他们是中国人，然后就不再继续思考了。世界充满奇妙之处，不要再预设任何事情，留心去注视，去聆听。

分享你的故事，但是不要一说再说，把老掉牙的那一套旧事重提。让内心安静下来，说出你的故事，就像你从未听过这个故事，就像它是全新的发现一样。

然后想象你的故事已经结束。你把它扔到一边。接着你父母的故事也消失了，结束了。快快快，不要思考，在你父母出生之前，你最初的面孔是怎样的？

在止语书写营里，我会叫学生"闭嘴"（有时我会试着更有礼貌），我会哄他们说，在字句的背后没有话语。我们必须学会理解沉默。

冥想的时候，任何动静的背后都是寂静。我们也必须明白这一点。

同样，在我们故事的背后，没有故事。我们是如何知道这一点的？在我们被创造出来，在开始给这个世界惹麻烦之前，我们最初的模样是怎样的？

我有一位多年的好朋友，最近徘徊在生死边缘——患有心脏病。一边是身之形体，另一边是茫茫的虚无。生命的尽头是死亡，可是离开了生命，死亡也无法存在。这种情况下我要怎么做？当他行走在生死的锋利刀刃上的时候，我要如何告诉他这些呢？

世界上的生命有千千万万，可以是这个，也可以是那个。我们能够在流沙上写下字迹吗？我们可以在海浪上行走吗？我们可以活到多老呢？告诉我。

我的一位七十三岁的学员得了严重的流感。这个星期的书写营，她忽然心跳极快，吓坏了所有人。

"最近的医院在哪儿？"晚上十点，她的朋友冲进大厅喊道。

幸运的是，我在那里。当时我正坐在绿色的椅子里发呆休息，翻着一本有关陶斯的徒步路线的书。

我猛地抬起头，要怎么跟她形容医院的方向呢？这个漆黑的山城，到处都是拐弯，街道的名字也看不清楚。忽然之间我记不起所有街道的名字了。"跟我来，我去开车。"

沿着长长的公路，我们一路开到急诊室门口，推门冲了进去。

"别管那些细节了。"我对挂号窗口后面的工作人员吼道，"她需要帮助！"挂号处要填写她的出生年月、保险、住址、近亲等一堆资料。

"娜塔莉，冷静下来。"工作人员在电脑键盘上敲着什么。

噢，我忘记自己在这里住了二十年，她认识我。我安静下来，让她继续按照流程办理。

这位名叫雷恩的学生最后在医院住了四个晚上，她的心脏没什么问题，但一直发烧，医生没有找到原因。书写营星期六的中午结束，她星期日出院，她的朋友开车载她去圣菲的旅馆住。她本来计划在圣菲看看艺术展的，她的女儿从丹佛飞过来照顾她，等身体恢复了一些，再一起飞回她居住的加利福尼亚州。

雷恩跟随我学习很长时间了。她们离开的前一晚，我邀请她和她的女儿过来吃晚餐。我从没有见过她的女儿伊丽莎白，但是我知道她进出戒毒中心很多次了，现在差不多五十岁，戒毒一年半，似乎有了彻底好转的迹象。让人振奋的是，我们三个人可以敞开心扉地谈论这一切——就着我煮过头的硬米饭，好在白鲑鱼和甘蓝的味道还不错。那个夜晚弥漫着自在的氛围。第二天早上雷恩打电话过来感谢我的招待，我说："你的飞机中午才起飞，还有一个上午的时间呢，要不我过去接你去盒子画廊（Box Gallery）逛逛，我一直在考虑买几幅海景画。"

当我抵达时，伊丽莎白问能否跟着一起去，接着便坐进了后座。在画廊，伊丽莎白立刻相中了四幅海景画，画面上的天空阴晴不定，大海波涛汹涌。我之前从没注意到这些画，但她的眼光很棒，它们是最好的。我想着明天过来买下它们，但是伊丽莎白抢先下了手。"这些作品会让我想要搬到加利福尼亚州，回到妈妈身边。"

我感到一阵眩晕，随后意识到，如果不是她指出来，我根本不会注意到那几幅画，而且她这样倒也相当于替我省了钱。我不再多想，只是单纯为她感到开心。我开车将她们送回旅馆，站在停车场，我们三个人都很幸福，我注视着雷恩——多年以来她一直逃避着，不想面对女儿吸毒的事实，而现在她沉浸地享受着母女之间的联结。我从未见她如此快乐。

驱车离开时，我心想，这就是属于她的完满的书写营。关于这一周要如何度过，我们本来有所计划，但是计划永远赶不上变化。如果我们纯粹用理性思考，会觉得真可惜：我错过了课程，我得了流感，我进了医院，错过了完整的课程体验。但有时生活就是如此，我们会被带到计划之外。我记得曾经有一次在寺院的百日静修营，有位女学员第一周就病倒了，接下来几乎三个月的时间她都躺在床上度过。可是结束的时候，她意识到这就是属于她的静修。最后我们整装离开时，她很安然。

世界很大，人类，如果我们足够幸运，可以活许多个年头。没有人可以预料这些年会发生什么，也没有人能给出关于未来十年、数十年的建议。二十多岁的时候，我曾经认为人到了三十岁必须成功，否则就不用再想这个问题。而到了三十岁，我觉得四十岁才是关键。曾经我也认为爱情只属于二十多岁的年纪，六十岁就太老了。结果这些想法，最后被生活证明它们通通都错了。

第三件事

A Third Thing

我们经常被卡在两件事情中间犹豫不决。我应该做这件事，还是做那件事呢？二选一其实不是选择，反倒成了对错之争。一旦两极化的局面出现，我们就会被困在其中。通常情况下，任何一种选择都说不上好还是坏，我们只是苦于无法做出最终的决定，所以才将事情推到极端。我们想说，就是这个，不纠结了。但是内心很快又会有另一个声音唠叨：不，不要那个。于是我们再次陷入纠结。

这种较劲的状态可以持续很多年。

所以我们需要"第三件事"，帮我们跨出两难的局面。我们没有意识到，其实前面两种选择已经孕育出第三件事的可能。所以，不要绝望。正是因为我们挣扎，才会有新的可能。一开始，是我们的人性、渴望、在意让我们陷入两难的困境。请注意，这时候不要用某种善良、高贵的想法来抚平你的挣扎，让它维持在活跃和本真的状态。

后来出现的第三件事会是独特的、个人的，而且真实。一定是这样，它会从根本上改变你的境况。但是不要自以为是地把所有事情都贴上"第三件事"的标签。当我和学生分享这个观念时，他们一开始都是这样的反应。

"对，对，我知道。我正在寻找'第三件事'。"

留一点空间，让新鲜的事物得以出现。通常它不会第二天就出现，我们必须保持觉知，接纳冲突，然后耐心等待，让事情自己发酵。这也是我们锻炼耐力，不冲动行事的机会。当我们等待答案的时候，那些冲突和纠结也在暗中编织着某种进展。要有耐心。

六月初，为期一年的止语书写营在梅布尔·道奇·卢汉之家开启。春天的风猛烈拍打着陶斯河岸边两侧的杨树枝干，我们围坐在室内，轮流说出自己生命中遇到的一场重大的冲突。所有的故事听起来都很熟悉、真实。其中有两个故事深深刺中了我的心：女学员朱蒂是一位经验丰富的财务顾问，帮助了很多家庭解决复杂的财务问题，她从事这一行已经三十年了，在行业里很有名气。与此同时，她自己的家庭财务状况却一团糟，完全没办法解决。这让她感到非常羞耻。

另一位女学员很年轻，从一个充满不公和极端压迫的国家移民到美国以后，她积极参与各种社会运动。一方面，她同情全球各地的革命与抵抗；另一方面，禅修时她感受到的是全人类普遍的大爱。这两种体验让她感到矛盾。

我看着她，说："也许'第三件事'可以帮你化解这种矛盾。"

她微微笑了一下，嘴角并未上扬。

我没有答案，也没有神奇的"第三件事"可以直接帮她化解矛盾。"我们书写十分钟吧，先探索一下你面临的问题，如果想找到一条中间道路，我们需要先抵达极端。"写完以后，我对他们说："现在放一放。"我摇铃三次，静坐三十分钟。

如此练习一直持续……为期一年的书写营，不论是在禅堂还是在家里，持续地书写、静坐、慢走。

六个月之后，在我们的下一次聚会中，朱蒂告诉我她在当地报纸上刊登了一篇文章，关于她家庭的财务危机。她实在疲于隐瞒，但也害怕客户读到这篇文章之后会与她解除合作关系。没想到文章获得了许多正面反馈，报纸将这些反馈也一同刊登出来。读者们在信上说他们很理解她的处境，认为她愿意承认这一点很勇敢，尤其在财务困窘的情况下，她的诚实难能可贵。这件事鼓舞了她，她写下更多文章，进一步坦陈自己面临的困境。当她坐在禅堂一角告诉我们这一切时，脸上发着光。

我说："朱蒂，这就是你的'第三件事'——进入你的恐惧。"她的"第三件事"就是她采取的行动：写出一切。但是作为书写老师，我忽略掉了这一点，或许恰恰是因为答案太明显。

我第一次见到多罗泰雅是在卡茨基尔山的禅山寺庙（Zen Mountain Monastery），当时"9·11"刚刚发生不久。她乘坐火车从布鲁克林的家过来，在课堂上止不住地哭泣。我从没有问过她为什么。是因为在纽约遭受的痛苦和折磨？抑或是因为在寺庙找到了庇护和宽慰？从那以后她便一直跟我学习。

"9·11"发生十年后的课堂上，那是十一月的星期五下午，一周以来的止语解除，多罗泰雅在禅堂告诉我们，她刚刚完成了小说初稿的最后几句话。

"哇，我们都不知道你在写小说，能问你几个问题吗？"我说，"这个故事是关于什么的呢？"

她挥挥手："故事发生在菲律宾，一位受欢迎的选美皇后最终成了自由的象征。"

"小说的结构是怎样的？"我问她，也是在考验她。

她的眼睛为之一亮："读到福克纳[1]的《我弥留之际》（*As I Lay Dying*）时，我就知道自己找到想要的小说结构了。"

她的小说——其实已经写了好几年——为她一直以来两极化的冲突感找到了第三种可能。书写可以具有革命性，而多罗泰雅也一直在努力推进这"第三件事"。这一次，书写又成了解决问题的方案。

六月，当我们围着禅堂慢走，分享生命中的冲突时，我也吐露了自己的麻烦：我既爱住在陶斯，也爱住在明尼阿波利斯，但它们是截然不同的两座城市，我被对于这两者的爱撕扯着。后来我们展开书写练习，我意识到，陶斯的荒野、山脉、土路、坑坑洼洼的砖房（我甚至在印第安人的圆形帐篷里住过一段时间）能够给予我深刻的觉醒，这片土地对我的内在做出

1　威廉·福克纳（William Faulkner，1897—1962），美国作家，诺贝尔文学奖得主。

了回应和支持。

当我住在中西部的明尼阿波利斯的时候，我遇到了片桐大忍禅师，找到了正确的语言和结构安置自己的觉知，从而让它更好地传递和流动。我意识到，不仅是禅修中心，还有当地井然有序的马路、街区、人行道和广场上一块块的草坪——明尼阿波利斯的每一寸土地都喂养了我对于结构的认识。

而我的"第三件事"是圣菲。我来到这里生活已经六年，也时常问自己为什么在这里。其实它就是陶斯和明尼阿波利斯之间的解决方法。这里有山，也有秩序。我对圣菲的感情也不如对陶斯和明尼阿波利斯那么狂热，在这儿我能获得更多的平静。

书写营结束于星期六，星期天我回到圣菲，路上经过一幢开放参观的房子，房主想卖房，我好奇地踏进前门——噢，太现代了，我猜自己并不会喜欢它——但是有时候房主会提供新鲜烘焙的巧克力曲奇来吸引客户，为何不尝尝呢？于是我往里走了走，进入大厅里一看，我随即找到房主，付了定金。我知道它就是我要的房子。

要知道，我不是个冲动之人。二十年的时间我一直坚持使用太阳能，家中所有电力和热能全部来自太阳。而我住在圣菲六年，在这边每次我去看房子，都觉得它们是能源消耗怪兽，丝毫不利用新墨西哥州源源不断的阳光。这些年参观房子的经验，让我很清楚自己想要的家是什么样的。这个现代的房子采光很棒，朝南，水泥地板可以充分吸收太阳光，后院有堆肥箱，可以循环利用生活废料，交通也很方便，步行就可以到镇上，与禅修中心仅隔着一条马路。清晨我可以听见敲击木鱼的声音，召唤学生们去打坐。

傍晚时分，我已经签完字，这栋房子正式成了我的"第三件事"。你发现了吗？它不是一个立竿见影的结果，而是需要演化很久，久到我几乎没有意识到它的存在。

意识到"第三件事"的存在很重要，这会让我们不再被卡住，退后一步，喘息一下，有了看待局面的不同角度。否则，我们会疲惫于应对冲突，不是拼命抓住这个，就是拼命抓住那个。很多人的经验已经告诉我们，结果可能是一场灾难。

摩谢·费登奎斯[1]是一位物理学家，柔道黑带，他创造了一套融合身体动作和觉知的训练方法。他生活在俄国的时候，那里大大小小战争不断，目之所及都是灾难。年轻的时候他想过从军，或者通过从政来解决一些问题。但是他告诉自己，二选一不是唯一的选择。十四岁那一年（如果生活在冲突激烈的地方，你自然会早熟），他找到了他的"第三件事"：离开俄国，漂泊六个月，穿越欧洲来到巴勒斯坦。这样就解决了年轻的摩谢面临的问题吗？身为二十世纪四十年代的年轻犹太男孩，建立以色列国的理想确实为他带来了希望和巨大的可能性。

我们应该记住，生命充满了明暗交替。我们总是误以为自己可以找到一个安全岛屿，然后一劳永逸。正是这种幻想让我们一遇到麻烦，就想抓住一个东西然后盲目遵循——要么就

1　摩谢·费登奎斯（Moshe Feldenkrais, 1904—1984），犹太人，物理学家、柔道黑带高手、身心导师。

是在两个选择之间挣扎纠结，认定非黑即白，必须有个选择胜出。

你生命中深刻的冲突是什么呢？你在哪两个选择上来回拉扯？是什么让你苦苦挣扎却毫无结果？

写下这两个极端的选择，不要试图得出任何结论。

去你周围的街道上慢慢走一走。让光线、树木、建筑的细节充盈你的内心，让世界回到你的身边。把冲突深深植入你的身体，让周围的一切滋养它。

静坐，去感受生而为人的美好。这个冲突是你往前迈进当下的基础。如果它很炽热，就让它保持炽热，不必逃进冷气房里。它是怎样，就让它怎样。新的东西会从中诞生。

犬儒主义

Cynicism

我在科罗拉多州的一条徒步小径上迷了路，倾盆大雨眼看就要落下，而我一直在计划着与凯蒂·阿诺德合作为期一天的慢步与书写课程。凯蒂今年四十岁，身体非常强健，浑身上下一点赘肉也没有。她背着八千克多的女儿攀登海拔四千多千米的高山，她的丈夫则背着近十四千克的大女儿。我不打算把课程强度设计得这么高，也许就是登一座平缓的小山，穿越圣菲外几千米的草地；也许去城市西边的代阿布洛峡谷（Diablo Canyon），那里的景色非常令人震撼，但是走起来并不辛苦。

我真的迷路了——不论是我的脑子还是路况。雨水像小溪似的流下山径。我没有带雨衣，但是没关系，只不过是雨水罢了。从这里我可以看到山脚下的乌雷镇（Ouray），最终肯定能找到路。我想起凯蒂懂得很多关于徒步登山的知识，而那些知识我永远不会掌握。（比如务必记得带雨具，但她不强制，而我也不想知道那些实操的知识）。我每个星期二和她一起徒步，虽然我们都生活在这里，但我从未问过她这些关于徒步的知识。我以自己的方式慢慢积蓄。书写营里我希望教学生如何培养好奇心，不是盲目接受——没错，凯蒂是个徒步高手——但是我希望他们可以培养一种渴望，渴望理解，渴望建立联结，在我们的大脑灰质创造更多褶皱，从事物表象看到更深层的地方。否则，我们要怎么书写呢？表象是不够的：凯蒂很结实，她带领我们行走；过程很有趣，去大自然里走一走太棒了。

我们要提出一些让凯蒂深度思考的问题：你的动力是什么？对大山的渴望第一次在你内心苏醒的时候，感觉如何？这也是你第一次和丈夫产生联结的感觉吗？有没有担心过孩子的出生会拖累你的探索？

我是不是听上去很多管闲事？我能说什么呢？作家就是"多管闲事"的人。我们关注的是事情是如何发生的，它们的底层驱动力是什么。

比如这就是个好问题：像你这样的运动员为什么会愿意每个星期二早上和比你大了二十三岁的娜塔莉，而且还是个喜欢做梦的家伙一起爬山？这么问会不会太讨厌？不，作家就是这样写作。

当然，我可以推测，因为凯蒂很慷慨，这算一个答案。但是有时候最好不要假设任何事情。提出问题，然后听听答案本身是怎样的。

当然，不要忘记那些环境的细节，比如前面那丛植物叫什么？那排破石头是怎么回事？渴求了解一切，并且把它们吸入身体。社会中我们经常问一些傻气的问题，仅仅是为了填补空乏，希望每一个事物都有名字，或者获得某种资质。但是最重要的是专注，深度专注。接下来，困惑来了。在培养一颗作家之心的路上，我们会遇到陷阱。我们的心智可能会被牵绊住，然后朝着黑暗面而去。我们说头脑精明、有辨识力是很好的，不按照表面的意义去理解事物，而是训练自己去看到事情的真相，去看清楚人性的腐败、背叛、贪婪和一个歪歪扭扭的真实世界。但是过度洞察世事也可能发展成为犬儒主义。一次简单的散步也可能变成一场批判：前面吵吵闹闹的是什么？噢，不，沙滩车上坐着三个不到十岁的孩子，把周围的环境搞得一团糟。他们为什么不能好好锻炼身体？我们可以一直这么抱怨下去。最终一个作家会变成一个无法忍受人性的牢骚精。

比尔·莫耶斯[1]最近在国家公共广播台（National Public Radio）谈到这一点。他说正是靠着意志力，他才让自己远离犬儒主义，他下定决心，无论如何都不能滑到另一边去。

培养静坐的习惯也会有帮助，创造出一个空间，和自己的心产生联结，在无常的世界中扎根，获得"归零"的智慧。否则，我们将难以忍受世界上的各种麻烦，我们会变得麻木、冷漠，或者怨声载道。

菲利普·古雷维奇[2]写出《向您告知，明天我们一家就要被杀》（*We Wish to Inform You That Tomorrow We Will Be Killed*

1　比尔·莫耶斯（Bill Moyers，1934—），美国新闻记者。

2　菲利普·古雷维奇（Philip Gourevitch，1961—），美国作家、记者。

with Our Families），他不断地返回卢旺达，试图弄明白图西族（Tutsis）大肆屠杀胡图族（Hutus）的动因，并且准确将其传达出来，好让世人也理解这段历史。他持续书写，试图阐明卢旺达的和平进程与其复杂性。

读完他的作品以后，我忍不住主动给《巴黎评论》（*The Paris Review*）打去电话——他在那里做编辑。我不期望电话可以接通，但没想到很快，接线员就让我们连上了线。

"喂？"他说。

"我刚刚读完你的作品，谢谢你为这本书的付出。"

电话那头陷入沉默，我感觉自己很蠢。"嗯，我打来就是要说这个。"

我们挂断电话。

我没有做好准备，我应该问是什么让他坚持了下来。

在书中他写到自己的家人是大屠杀的幸存者，他怀抱着"这样的惨事再也不能发生"的誓言来写作。为了不再让可怕的历史无休止上演，我们必须了解它的结构和成因，去注视它，研究它，与此同时又不被它反噬。

我们逃避的东西会腐蚀我们，因此我们总是在扭曲中逃离。这一点会体现在我们的书写、静坐和慢走中。

但如果人与人真的彼此联结，那么不论我们逃避什么，我们逃避的都是自己。我们说非洲是黑暗的大陆，那是我们将自己的黑暗投射于其上，我们掠夺、殖民、强暴了它，然后说那是它自己的问题。

在最近为期一年的"真正的秘密"止语书写营里，一开始，学生们被我布置的阅读书目吓坏了：关于卢旺达历史的《向您告知，明天我们一家就要被杀》，关于刚果的殖民和破坏的《利奥波德国王的鬼魂》（*King Leopold's Ghost*），关于二战中日本战俘营的记述，关于加利福尼亚州的菲律宾移民的回忆录，还有两本关于犹太人大屠杀的书。但是当我们阅读并且进入讨论的时候，我们的理解力被解放了，变得充满活力，我们的潜意识不再携带恐惧。恐惧出来了，它就站在我们面前，我们可以直面并且承认它。

西蒙娜·德·波伏瓦（Simone de Beauvoir）在《第二性》（*The Second Sex*）里写道，为了创造，我们必须深耕，而不是生活在边缘，就像大多数女性在我们社会中的处境。活力源自身处核心，对真正发生的事情保持清醒。

在静坐和冥想中，与你的恐惧相处，直到你消化它，理解它，不再与它隔离，此时你心中的爱也由此打开。这个过程并不容易，但着实有益。我们与其他人不是隔绝的，当希腊的经济在大洋彼岸摇摇欲坠时，美国的经济也受到影响；索马里和刚果发生的不公与酷刑削弱的是整个人类的人性与文明；当我们生活的街区发生了杀人事件时，恐惧和羞耻会像涟漪一样荡开，蔓延到整条街道，我们再也无法直视邻居的双眼。

这是真的，我们都知道。

禅师伯尼·格拉斯曼有个修行的方式叫"承受见证"（bearing witness）。带着无知、没有既定想法或者意见的心进入一个困难复杂的境遇，去感受、倾听，置身当下，成为其中的一部分。这种不带批判的心态可以让你摆正位置，找到改变现状的方法。不是出于某种需要去做一些更好的事情以便让自己感觉良好，也不是为了消除恐惧，而是为了能够在空明的状态下行动。你把自己挪开，不再挡路。

格拉斯曼曾经在为期五天的静修课程中，带领学生们前往奥斯维辛集中营、卢旺达，在纽约的街头露宿，走进监狱探访。他意识到，在人们遭受巨大苦难的地方同时也蕴含着巨大的疗愈能量，但前提是我们必须先承受和见证那里的苦难。

通常，护理者、和平活动家、作家等，凡是你可以想到的这一类从业者，他们的工作都出自对人类生活深刻的担忧和关怀，但是渐渐地，这种关怀变成了冷漠，因为他们无法承受痛苦。有时候我们努力工作，不断行动，以此获得内心的宁静，但是我们可能只是在掩饰自己的厌恶和麻木，因为已经承受不起。甚至我们的自我憎恶，也可能是一种防御，以此逃避事物的本来面目。我们需要学会慈悲，不仅是对他人，还要对我们自己。这种精神可以支持我们的工作长久地进行下去。

每当压力很大或者感到与世界失去联结时，我会轻声念诵这些美好的颂词：

愿我得喜悦

愿我得安宁

愿我得自由

愿我自在随心

愿我得平安

愿我得健康

按照传统，你需要将唱诵的内容回向给众生。但我发现，只要顺其自然让其在我的身体里沉降、流动，很自然地它便会延伸到每一个人和一切事物。你可以缩短颂词，低声念：喜悦、安宁、自由、自在、平安、健康。没有主体，没有客体，没有施予者，也没有接受者。

放下

Letting Go

为期一周的"真正的秘密"止语书写营进行到最后一个早晨，所有人都很安静。

静坐的时候，我会鼓励学生们通过呼吸来稳定自己的心智。"不管你在想什么，不管你的心跑去了哪儿，不要管，回到呼吸上。"

这个星期里，我一直告诉他们，走神没有关系，很正常，练习就是为了拉回我们的神思。不要相信冒出来的每个念头，不要让它们将你带离当下。每一次回归呼吸，回归当下，都会让你的意识变得更加强韧，更加有力。

但是最后一个早晨，所有人似乎在呼吸中沉浸得太深，就像躺进了舒适的沙发似的。喜鹊的叫声，汽车的引擎声，狗吠声，太阳从云层中露脸，木地板上浮现出温柔的光影，我们甚至能感觉到光秃秃的白杨树枝搔着天空。当然，白杨树不在屋里，但是静坐中我们与万物同在，就像处于宇宙的中心。

我轻声说道："放下。"没有其他指示。整个房间好像坍塌了，坍塌到底，一直坍塌到意识的最底部。

但是"放下"是什么意思呢？我打断静坐和止语，说："好吧，我们暂停一下，拿出你们的笔记本。想想一个问题：一个人若是要充分活在当下，他需要放下什么？举个例子，比如你的身份——国籍、年纪、性别。"

我打破静默，布置任务，这使他们很吃惊。一般情况下，我会摇铃两下表示止语结束，然后再开始其他事情。说实话就连我自己也吃了一惊。但是我们还是拿出笔记本写了起来，然后列出各自的答案：

种族

宗教

地域

职业

渴望改变的想法

历史

文化

期待

成功

正确

成为优秀或者糟糕的作者

钱

愤怒

留下什么或者不留下什么

饥饿

希望

努力

需要

依恋

离别

死亡

外表

　　每个人都轮流读过一遍以后，好像所有事情都说尽了。但是当我们再来一遍时，竟然吃惊地发现还有更多事情可以放下。

热忱

性欲

悔恨

羡慕

抗拒

兴奋

时间

观念

期待

背叛

群体动力 [1]

执念

我是否拥有足够多的……

判断力

信念

身份地位

失望

二元性

恐惧

人际关系

静坐要打直

"好，接下来继续静坐，看看我们是否真的可以放下这些。"我摇铃三次，提醒大家清空大脑，开始新一轮静坐。

很难回到那种深沉安静的状态了，所有人都很兴奋：观点，刚刚竟然没有提到"观点"。这次静坐感受到的不是巨大的空寂，而是种种塑造我们、构建我们的限制，把我们逼到角落。甚至是我们的姓名。倒不是说我们都应该是无形的，没有名字，没有来处，不去往任何地方，但这难道不就是存在的本质吗？我们到底是谁？"我来自美国"。这句话是什么意思？从全美国五十个州来吗？

我们在这里谈的是自由。我们不能逃离自己的身份，但是

1　群体动力（group dynamics），群体中各种因素"力"的相互作用，并对群体成员在资源利用、任务实施以及关系维护等方面产生的影响力。"群体动力理论"由美籍德裔心理学家库尔特·勒温（Kurt Lewin）提出。

或许可以让它轻盈一些，不要那么沉重。

当我们安静地坐下，放下一切时，可以让呼吸穿越这些偏狭，充盈腹腔。想一想：当我们闭上眼睛，深深呼吸时，我们还有大学学历吗？

书写营的那一周，世界如此明亮，门外的初冬生机勃勃，也撩动着我们的心。短暂的白昼，漫长的黑暗，干燥低矮的野草发出沙沙的摩擦声，我们脸上的皮肤感觉到的冷意，鼻子里的毛细血管痒痒的，还有松木燃烧的气味。二十分钟过后，我摇响铃。"冬天应该也在单子上——也是应该放下的事物吧？"

也许应该放下的是"冬天"这个概念，而不是冬天的体验。

接着我们开始在室内慢走，一步接一步，之后光脚走到户外冰冷的石板走廊上，走到被太阳照暖的木头坡道上，顺着路走进院子里，让阳光和寒意一同洒在身上。

"站住别动。"我喊道。

所有人双脚合并，手放在体侧。平日我们很少让自己就这样站着。

呼吸三次以后，我们迈出左脚，开始慢慢走回室内。

我接着布置问题："好，现在我们进入个人特定情况的讨论。对你自己而言，你觉得你需要放下什么？现在开始，你有十分钟时间思考，看看我们会得出怎样的答案。"

我必须放下肉桂、咖喱、红辣椒、褪黑素、蓝莓、大海、记忆里穿蓝色游泳裤的父亲、沙滩上的脚印、水宝宝防晒霜的味道、蜡纸包着的鸡肉三明治、仰头喝百事可乐时嘴唇的滋味、带长廊的白色老房子、下午的长影和前额黏住的湿发。果酱的味道、黑莓的藤蔓、一只叫路威的狗、白面包夹腊肠三明治抹上芥末酱、蕾丝窗帘、光膀子除草的祖父。我必须放下过去的紫藤树丛、水泥台阶、人行道的裂缝、草坪长椅、绿色车库、车道、街区、小山、道路边缘、一丛杂草、黄色耐克运动鞋、卡在牙缝的开心果壳、莉尔阿姨、朱尼表哥、肯尼表哥、雷阿姨和山姆叔叔。渴望天黑前到家、祖父抽屉里的幸运钱币、穿粉红格子连衣裙和厚底鞋的祖母。

我们没有提到要放下记忆，就算是甜美的记忆。不是它们不好，只是当我们静坐时，就只是静坐。不是要意识回到路易斯安那、某个夏天和清凉的冷饮，等到书写的时候再来回忆它们吧。静坐的时候，就让自己亲历当下的一切美妙，不要错过当下。

现在，亲爱的读者，请忘记十二月我们在那个早晨列下的清单。坐下来，写下属于你自己的"放下清单"，列出种种不知不觉间背负的限制，种种已经进入你内心的观点与立场，不论真伪。不要担心会和前面我们写到的重合，如果它们出现，那就是你要放下的。

现在，坐到一个阳光和煦或者温暖的地方，或者一棵树下，或者就沉浸在原地。深吸一口气，深深沉下去，沉到最底部，变成单纯的存在。放下一切。享受你自己。到了一定程度，浓浓的舒适和愉悦会包围着你，让你忘却自我的个性，与万物同一。

而在其他时间——过一会儿，今天晚上，明天，或者是一星期以后——转换一种状态，去往另一个层次，尽情展示出你的个性。坐下来，这次不是列清单，而是书写，笔不要停，看看你能放下什么，又背负着什么，写二十分钟，请一定保持诚实。请跟随那些冒出来的奇怪想法、扭曲的回忆、外部的直觉或者遥远的色彩，它们会引领你，将你的心灵擦拭得更加明澈。

　　回头看看自己的肩膀，上面已经没有任何负担。我们把它们内化了。

第四部分

遇见书写的老师

我发誓唤醒世间一切众生
我发誓让无尽痛苦的心安宁
我发誓历经每一扇智慧之门
我发誓以伟大作家的方式生活

——摘自《四无量愿》，略有改动

老师们

Teachers

亲爱的读者，你知道伟大的日本俳句作家小林一茶[1]吗？
两岁时，他的母亲去世；六岁时，他写出人生第一首诗。

噢，没有妈妈的燕子

来，

请和我玩

这首诗里你听到了什么？举手告诉我。

慈悲，没错

哀伤，没错

童趣，没错

还有呢？

1　小林一茶（1763—1827），日本江户时期著名俳句诗人。

寂寞，没错

空虚，没错

渴望联结，没错

善良，没错

这样的诗能够让老师和学生们扩宽视野。

大概二十七年前，二十位多名学生从圣菲飞往明尼阿波利斯，跟我在城南郊外的寺院静修和书写。一位努力好问的学生主动打电话事先约见了当时还在世的片桐大忍禅师，在我们抵达之前，他们见了一面。

第二天我问她："昨天和禅师见面如何？"

"一般般。"她耸耸肩膀说，"我去了，问他什么是禅。他在书房，盘腿坐在矮桌旁边。他拿起一本书说'你可以这样放下一本书'，说完随意把书往桌上一扔。"她一边说一边示意给我看。"'或者你也可以这样安置它'，他小心地把书放在桌上，说'第二种方式就是禅'。说完鞠躬，会面就结束了。"她又耸了耸肩，嘴角往下撇了撇。

片桐大忍禅师没有浪费时间。也许她听懂了，也许没有。

每个人都想从老师那里得到什么，但是往往在多年以后才明白其中的道理。如果足够幸运，一些领悟最终会找到我们。片桐大忍禅师曾经说过，简单的练习，就是禅的目标：每时每刻，对每一个存在抱有善念。他指的存在不仅仅是猫、狗、人，也包括地板、天花板、墙壁、鞋、树、苹果、杯、灯，延伸到我们生活中的一切。

就算是我的衣服，无论多晚多累，我都做不到躺下就睡，我必须先把衣服折好、放好。其实我不是那么在乎衣服，但我的意见不重要。静修营上有一位学生把叠衣服当作自己的练习，因为她经常把衣服扔得到处都是。我喜欢做这个，我不喜欢做那个，人总是在评判。"伟大的道路很简单，就是不再挑三拣四。"[1]（大约公元六世纪，第三大禅师所言。）练习的血液贯穿我们的生命，进而超越，我可以想象死后自己依旧在叠衣服，这个行为不会静止也不会永恒，却是不可打破的。

有一次，我发现自己十年前认识的学生忽然出现在另一个班上的前排。当然，她不是米雪儿本人，但她们的手势，就连歪头的方式都极为相似。

世界总在不断变化，也总有延续不变的东西，我们能够在两者之间自在穿行，维持平衡吗？在波动的中心怀有感恩，不去抓牢什么。感恩就像是一种润滑剂，让我们的心不执着，不卡顿，该放手时就放手，领会自己获得了什么。感恩是人类发展的最高境界，也是最成熟的情绪。

有老师是一件很好的事。每当听到社会批评学校和教育的时候，我就很难过。我的童年家庭一团混乱，自己是从学校里的点名，排列整齐的桌椅，一堂堂课程所切分的时间和上课下课之间的铃声中，学到了秩序。这和禅修没有差别，也有很多人是在军队里学到这些的。

在古代中国，老师是受尊敬的职业。即便后来商业阶层兴起，坐拥财富，一般人还是看不起商人，但是换作老师，就算

1　此处指唐代禅僧从谂曾言："平常心是道。"

衣衫褴褛，也仍旧备受人们的尊崇，因为他们身负真正的慷慨和关怀。穷，却以毕生精力传道解惑，让整个社会更为富足。

老师教我们读书、写字、计算，教我们拿起笔和键盘书写文字，这都是非常简单但是基础的技能。感谢你，我的米勒老师、麦奇老师、史奈德老师、柏斯特老师、伯克老师。是每一位老师的每一次教导成就了今天的我们。

读六年级的时候，诺兰先生每次从座位旁边经过都会被我的书包绊倒。每天他都穿一套灰色旧西装，从不叫我把书包挪开，而我也没有这样做过。直到现在，我还可以想起他笔直的鼻梁，笔直的黑发。他绊了一跤，努力保持平衡，而我正在与旁边女孩窃窃私语。那个女孩叫什么来着？金色短发，没有父亲，与母亲相依生活——克里斯，对。她现在在哪里呢？诺兰先生，谢谢您，我不记得自己学了什么，那时候我十一岁，马上要满十二岁，您出现并且陪伴着我长大。如果还有机会，我一定会把那个棕色的人造革大书包挪开，让您可以好好经过。

颂诗 [1]

The Blazon

米莉亚姆在圣菲社区大学教授"颂诗","颂诗"是法语诗的一种形式,诗人在诗歌中赞颂爱人的种种美好优点。

不愧是法国人,还有什么比赞颂爱人更加重要呢?

课上到一半,学校主任把头探进教室,对大家说:"停课了,现在,新的州长宣布进入紧急状况,全体人员离开教室,暖气已经停了,节省能源。"

零下二十二摄氏度,零下三十摄氏度。我在明尼苏达州和北达科他州的朋友们一定在笑话我们。真没用,几天的酷寒就让整个州都崩溃了。要是打仗怎么办?我们完全不堪一击。

米莉亚姆的学生们一齐冲向教室门口,留下她独自站在黑板前。"可是,可是……"她念叨着,"这是一种非常重要的诗

---

1 颂诗,文学术语,指英国伊丽莎白一世在位时期(1558—1603)广泛流行的一种情诗,常采取某些惯例进行描绘,描写对象通常为女性。

歌形式，关于爱的，还有什么比爱更重要？爱可以让我们保持温暖。"她朝着学生们的背影说。"停下，大家都别走，你们要去哪儿？"所有人已经跑光了。

我把自己包裹得紧紧的去徒步，就是为了对抗。我穿了很多层衣服，爬到一定海拔时，心脏狂跳，整个人热坏了，不得不脱下帽子和手套。新墨西哥州很穷，不是每个人都买得起这么多衣物。

在开车回家的路上，听着新闻我心想，才不管别人说什么，我很确定文学是最重要的东西。如果世界上没有作家——即便是我从未阅读过作品的作家，我们要如何生活？我和朋友们没有选择肤浅之物作为事业，在这个世界上我们绝非无足轻重。

来吧，米莉亚姆，跟我说说这种诗歌。

颂诗是一种始于十六世纪的诗歌形式，通过运用各种比喻来夸赞女性，尤其是她们身体的不同部位。从那时起，这种形式就被用在文学作品中。有名的例子是莎士比亚，但是他舍弃了那些老掉牙的描述，写出了焕然一新的诗歌：

我的情人的眼睛完全不像太阳

红珊瑚远远胜过她嘴唇的红色

如果雪算白，她胸膛就一味暗褐

如果发是丝，铁丝就生在她头上

我见过玫瑰如缎，红黑透白

但她的双颊，赛不过这种玫瑰

有时候，我的情人吐出气息来

也不如几种熏香更教人沉醉

我挺爱听她说话，但我很清楚

音乐会奏出更加悦耳的和音

我注视我的情人在地上举步

同时我承认没见到女神在行进

可是，天作证，我认为我情人比那些

被瞎比一通的美人儿更加超绝[1]

你不得不爱莎士比亚。他穿越一切，把爱带到世间。虽然采用了既有的隐喻形式，却完全打破它们，写出了新意，这是他自身的某种觉醒。

以下的诗歌摘自安德烈·布勒东[2]的颂诗《自由结合》（*Free Union*），他把诗歌推至清单体的边缘，写得也很有意思：

我的爱人，头发像灌木烈焰

她的思考是盛夏的雷电

她的腰身是沙漏

她的腰，是被老虎咬住的水獭的腰

她的嘴，是帽子上明亮的花结，带有最高等级恒星的芬芳

她的齿痕，是白鼠在雪上留下的脚印

她的舌头，由琥珀和擦亮的玻璃做成

1　此处选自《莎士比亚全集》第十卷《诗歌卷》，简体中文版由屠岸译，译文出版社出版。

2　安德烈·布勒东（André Breton, 1896—1966），法国作家、诗人、评论家，法国超现实主义代表作家之一。

她的舌头，是被刺破的圣饼

　　她的舌头是眼睛一眨一眨的洋娃娃的舌头

　　她的舌头是令人惊异的宝石般的舌头

　　这首诗文如其名：自由结合。它允许我们展开狂野的联想，相信那些乍然闪现的灵光，这非常好。这个创造的过程让我们更宽阔、更空旷。当我们书写完，开始静坐冥想的时候，我们可以很安静。

　　试着写一首颂诗，一气呵成，不要多想。为了米莉亚姆，所有人回归教室书写吧。这个练习会让我们放松，目的就是写得飞舞，不合逻辑。她比马大，比山宽。到我这儿来吧，我的小老鼠，沙滩上的鹅卵石，迷失的眼睛中的苹果……

　　别忘了，在世界的一些地方，比如亚洲，所谓"有灵性"的存在不仅指人类或者小鸡，就连一把椅子、一个门柱、一块大理石都有生命。为一本书或者一级门前的台阶写首诗歌吧。

　　留在米莉亚姆的课堂上——就算没有暖气，听她读一首自己书中的现代颂诗《寡妇的大衣》（*The Widow's Coat*）。1999年她写下这首诗，纪念自己早逝的丈夫：

　　我的丈夫留着胡茬，是贴尼古丁贴片[1]的禅师

　　我的丈夫站在敞开的墓穴前，手捧一把泥土

　　我的丈夫是犹太人，体内的伤口流着血

　　我的丈夫戴着被雕成头骨形状的象牙串珠

1　尼古丁贴片，香烟替代品，俗称戒烟贴。

我的丈夫戴时尚墨镜，领超速罚单，收集寒山[1]的作品

我的丈夫体重骤降，像关在"结肠炎"集中营里的犯人

他的名字取自西方的无花果树

他有个别名，日语意思是"河道"

他的本名早已在埃利斯岛[2]被修改

当我亲吻他的那天，他开始呕吐

我的丈夫一辈子只买过一双靴子

他掉了十八千克，瘦削的手腕让我崩溃

他在蜕皮，像只长尾鹦鹉或者北极熊

我的丈夫游泳不戴眼镜

朝着红色油轮停泊的地平线

我的丈夫站起，流出的血生了锈

我的丈夫用血写下姓名的前缀

我的丈夫陪我生产

我的丈夫欠我五十块

我的丈夫给了我一个蘑菇

我的丈夫搬动洒水器

我的丈夫用餐刀刮坏了厨房吧台

我的丈夫盘腿静坐

我的丈夫的名字叫乌鸦、贫血和其他秘密

一个形状像明尼苏达州的内部器官

1　寒山（生卒年不详），唐代著名诗僧。
2　埃利斯岛（Ellis Island），战后欧洲移民进入美国的大门，难民在那里接受体检和身份调查，很多犹太人趁此机会改变姓名，以掩藏犹太血统。

阴影，骨骼，飞蛾，鸦

黑暗中孵在一堆鸡蛋上

城市坐落于自己的天际线

帝国大厦，凯旋门，科伊特塔

世界的曲线依靠昂贵的电能照亮显形

这种电能就是我的丈夫

现在，不要再磨磨叽叽、扭扭捏捏地抱怨天有多么冷了，写一首颂诗吧。现在没有爱人？别开玩笑了，爱人遍地都是，转头看看，那个身穿厚夹克，站在街角等绿灯的年轻男人怎么样？就写他吧。

或者那个靠在墙角，在街头吃三明治的老妇人，正拿一只脚钩住塞满塑料袋的杂货车，以防被人拖走。她不是我们的爱人吗？我不是要在这里煽情。你对她的关注，你写下的种种特点构成了她的存在，而且不论什么情况，都会让我们与深层的力量联结。暂时忘掉政治、意志、权力的争夺吧，忘掉制造业、商贸、金钱、股票、赛马、飞机、我们大脑中的科学和技术。是什么力量驱动着我们，联结着我们，让我们不再感到孤单呢？存在的伟大基础已经打开，支撑住我们。静坐让我们联结，文学为我们指明方向。

你会说，可是伟大的文学都是关于巨大的苦难。

但那不正是生命的基石吗？就在这儿，承受世界的一切吧。

去吧，去书写，像米莉亚姆教给你的那样，写一首颂诗。就是现在，用十分钟的时间。

好了，平静下来，我一直在计算时间。

现在，再用十分钟，列出你生命中离不开的二十件事物。要诚实。也许你的手机是第一个，好，接着往下写。

我会写什么呢？不经过多沉思，自己脑子里第一时间冒出的事物：

1. 马桶

2. 另一个人的肌肤和身体

3. 水

4. 巧克力

继续写下去之前，我想编辑、评估一下，因为脑子里有个声音在大喊：你真肤浅。我告诉自己，闭嘴，继续写。我也很好奇，自己这个肤浅小气的脑子里还会冒出什么东西来。

5. 新墨西哥州

6. 纽约

7. 我的家

8. 热茶

9. 墙上的画

10. 我的朋友们

11. 字母表

我一直想写"马"，我不骑马，我也从来没有养过马。但是要信任自己，写下来。

12. 马

13. 书店

14. 咖啡馆和餐厅

15. 犹太食物——薄饼卷、鸡汤、黑麦面包腌牛肉三明治

16. 大西洋

17. 我的内在生活

18. 爬山

19. 瑜伽

20. 树

这张清单上的内容是真的吗？也许不是，但是什么才是真实的呢？也许明天我可以筛选出一个看起来更真实的单子。到底什么才是最重要的？修行者的人生，不必采取行动或做出反应，而是去感知，接近他人，接近世间万物，最重要的是接受自己的心——它是怎样就是怎样。噢，娜塔莉，吃了那么多有机食物，你还是放不下犹太熟食，里面唯一的蔬菜竟然只有腌黄瓜！

没错，这就是我——我还想在黑麦面包上抹些芥末呢。

生而为人到底是怎么一回事？

前几天和米莉亚姆一起吃晚餐，我对她说，你注意到了吗？我们二十五年前认识的朋友们到现在几乎都没怎么变。当然有些人更成功了，有些人生了孩子，有些人离婚了，有些人再婚了，但是彼此之间并没有什么不同。变了，但也没有变。

我也注意到，不论我的外在生活有了多大的改善——新的房子、新的朋友、一份新书合约——我仍旧面临着相同的内在挣扎，相同的扭曲和痛苦。意识到这些很有帮助，我认出了这些"老朋友"，并且不会再介意它们。

放下，我轻声对自己说。

止语书写营里，当我们静坐的时候，我对学生们一再轻声提醒："放下。"

王维：诗，唯一的真实

Wang Wei: Poetry, the One True Thing

晚上我步行前往一个读诗会，靴底踩在雪地上发出嘎吱的碎裂声，道路两边的雪累积了整整五天。到了那儿，我坐进角落的一张大沙发里，乔安·哈利法克斯手中拿着一首王维的作品——王维是生活在中国唐朝的诗人——这首诗是肯尼斯·雷克思罗斯[1]翻译的。开始朗读之前，乔安说："雷克思罗斯去世之前，罗伯特·布莱[2]带我去见他，见面那一刻我知道，他是一位真正的诗人。"

说完她拿起纸，准备朗读，我举手提问："等下，那个时刻你怎么知道他是一位真正的诗人？"我可不会让她抛出一个结论却并不解释清楚。

1 　肯尼斯·雷克思罗斯（Kenneth Rexroth，1905—1982），美国诗人、翻译家、评论家，被誉为"垮掉的一代教父"。

2 　罗伯特·布莱（Robert Bly，1926—2021），美国诗人、翻译家。

乔安是个满腹珍宝的人，但有时也需要他人的好奇心借机将它们引出来。关于诗歌，这也是你学到的重要一课：不要害怕好奇，不要害怕对一切的渴望。

"雷克思罗斯静静地躺着，闭上眼睛，听布莱给自己朗读哈菲兹（Hafiz）和鲁米（Rumi）的诗，仿佛他们打开了他的心，以至于当他听到布莱念到他自己的诗时，就像第一次听到它们一样，大颗泪珠从他的脸上滑落下来。"

"噢。"我说着，咽了口唾沫。

乔安读起了王维的诗。他的诗歌有种力量，像一颗石头坠入心灵，荡起绵延不绝的涟漪。房间里的所有人都感觉到了。

二十四岁时，诗歌把我带入色彩缤纷的光影和语言的世界，充盈、陪伴了我十三年。后来我开始写散文，便再也没有回头。我舍弃了一份伟大的爱，这并非有意，而是生命中出现了其他闪闪发光的东西，我被吸引而去。当时我读的诗人有杰拉尔德·斯特恩[1]、耶胡达·阿米亥[2]、巴勃罗·聂鲁达[3]、琳达·格雷格[4]、莎朗·奥兹[5]——他们算是我最后读到的诗人，都是伟大的西方诗人，作品成熟、精致、浑然。

但说到王维这位中国诗人，我会浑身战栗。王维的诗很简单，简单到你几乎不会注意到它。

1　杰拉尔德·斯特恩（Gerald Stern, 1925—2022），美国诗人。

2　耶胡达·阿米亥（Yehuda Amichai, 1924—2000），以色列诗人。

3　巴勃罗·聂鲁达（Pablo Neruda, 1904—1973），智利诗人。

4　琳达·格雷格（Linda Gregg, 1942—2019），美国女诗人。

5　莎朗·奥兹（Sharon Olds, 1942—），美国女诗人。

木兰柴

秋山敛余照，飞鸟逐前侣。

彩翠时分明，夕岚无处所。

王维诗歌中的意象一个接着一个，但他并没有刻意营造诗意，刻意只会带来匠气。他注意到山中日光，天空飞过的两只鸟，色彩，以及黄昏里移动的雾气。一、二、三、四，没有评估，没有评价、权衡，只是以一双诗眼平静地观看，朴素无蔽。他透过诗歌传递给我们冥想的意识。过了这么多年，他笔下的事物竟然与我们如此接近。没有多余的添加，没有神经质的情绪，没有忙碌的思考和评论，只是注视事物自身。在他的诗歌里，关于存在的真理呈现出来——"无处所"——我们在哪儿？我们又是谁？

在我们的社会里，诗可能是唯一的真实了。诗人不能发财，你没法靠写诗支付燃气费和电费，每个事物都标明了价格，唯有诗歌，从一开始就换钱无望。

写诗是一种很好的练习，它能带我们去到某个地方，在那里我们会从习以为常的事物中发现从未领悟的东西。实际上，你并不笨。把蛋糕从嘴边拿走，卸掉几层妆，擦掉眼中的困意。你看见了吗？每一处真实的自己。我书写和静坐很多年，不是为了学习新东西，而是让自己的思想和意识形成某种结构。那一年，四年级的娜塔莉（也许是二年级）——从教室的窗外闻到了春天潮湿的树皮，但是波斯特老师和麦基老师总要求我直视黑板。坐在我前面的罗宾·瓦格纳在她的笔记本上画着她的马儿佩吉·苏。教室充满着渴望。现在诗人转过头，点点头，肯定了我们是谁。肯尼斯·雷克思罗斯在生死的边缘遇见了自己。

诗需要时间。如果我们愿意给诗一些时间，诗就会带给我们一些东西。没有耐性，终将什么都得不到。

公元六一八年至公元九〇七年，是中国唐朝的黄金时代，当时的人们在许多境遇下都会写诗，比如道别、动身、旅途中，为表弟赠诗，给某个官员写诗，或者是为了一座山而写诗。

来看看另一首王维的诗：

渭城曲

渭城朝雨浥轻尘，客舍青青柳色新。
劝君更尽一杯酒，西出阳关无故人。

标题不仅交代出某种诗歌题材的传统，也道明了具体的情境——写诗，不是出于抽象模糊的原因。一位朋友要远行，这件事很重要，它就值得写一首诗。

友谊一直是中国古代诗歌的重要母题，王维很好地发展了它。友谊帮他挨过了被朝廷驱逐、妻子早逝和母亲离世的日子。不论是隐居山林，还是遭遇阴谋、羞辱和罢免，友谊都是他的慰藉。

中国古诗里常常也充满酒意。诗人喜欢喝酒，喜欢人际的联结和宴乐。你会不会也是如此？人生的长路漫漫，风景辽远，我们常常要走上很久，才会遇到一个人。

"西出阳关无故人"，阳关是一个真实的地方，那里荒无人烟，就是有，也只有一些陌生人。不需要在诗中谈论虚空和死亡才能写出离别，其实我们的生命中有各种各样的结束——在这首诗中"阳关"便是那样一个具体的地方，那里是朋友的尽头。

王维在朝廷有公职在身，那个时代的官员都会作诗，写得好就更加分了。王维喜欢参与政治，也喜欢自然精神。他在世俗的关照和超脱无常之间摇摆不定。城市中，他向往山水；独处时，他渴望有人陪伴。听着是不是也很像我们自己？这就是王维的个人生活。诗歌中他呈现出来的不是个人的弱点，而是情感的深度和强度，这也让他的诗歌具有了人性。

下面这首诗很能代表王维的内心：

赠祖三咏

蠨蛸挂虚牖，蟋蟀鸣前除。岁晏凉风至，君子复何如。
高馆阒无人，离居不可道。闭门寂已闭，落日照秋草。
虽有近音信，千里阻河关。中复客汝颍，去年归旧山。
结交二十载，不得一日展。贫病子既深，契阔余不浅。
仲秋虽未归，暮秋以为期。良会讵几日，终日长相思。

八年前，一位朋友在我家的门廊上留了一张纸条，上面写着：这首诗让我想起你，愿你在你的新家生活愉快。旁边是一首王维的诗。这首诗很符合我当时的情况：刚刚历经从陶斯到圣菲的"大迁徙"。

偶然作六首·其六

老来懒赋诗，惟有老相随。宿世谬词客，前身应画师。

不能舍余习，偶被世人知。名字本皆是，此心还不知。

六年以来我常常静坐在门廊前，听鸽子站在电线上咕咕叫，看着知更鸟在水盆里扑溅。干燥的夏日里，兔子和花栗鼠会用后腿站立着啜饮水池里的水。

静坐的时候，我不知道自己是男是女，是黑皮肤、白皮肤还是棕色皮肤，不知道自己是犹太人还是佛教徒。阳光从松树枝丫间照射下来，那段时间很美好，老房东太太还健在，她提前为自己买好了第二年夏天的歌剧门票。

读一读王维的几首诗，或者听听他的故事，其实就够了。但是很抱歉，毕竟我是个有经验的作家，是书写营的老师，而你或许还需要一定的努力才能真正读懂王维，让他进入你的生命。

首先，不妨列出你想写诗的情况，这张清单会为你创造出某种结构，也会让你保持敏感，随时发现生活中充满诗意的瞬间。

接着你可以试着写一些诗歌，跟随你的感觉，跟随那些事物本身。你可能需要先安静下来，可以慢走一会儿；可以从地上捡起三颗你喜欢的石头，逐一将它们在你的掌心翻转。好了，写六行，开始吧。

接下来的三个月，让我们向王维致敬，向那个重视友谊的古老的中国文化致敬。请诚实地好好运用世界中的事物和境遇，不必使用华丽的辞藻。王维对我们感到好奇，他给了我们他的世界，现在，把你的世界也呈现给他吧。

最后的这首诗来自诗人杰克·吉尔伯特[1]：

致敬王维

陌生的女人睡在床另一侧

浅浅的呼吸像一个秘密

活在她的体内。四年前他们相识

在加利福尼亚州，共度三天

订婚然后结婚。此刻冬天的风

吹落马萨诸塞州最后的树叶

两点钟的波士顿和缅因静静流逝

夜的呼唤像欣喜的长号

将他留在之后的寂静中。昨天她哭了

当他们在林中散步，但她不愿

谈论这些。她的痛苦会得到解释

但是她仍将不为人知，不论发生什么

他将再找不到她。虽然那骚动与罪过

可能在身体的狂野

和心灵的嘈杂里获得，但他们仍将是个谜

面对彼此，面对自己

这是一首很不错的诗。现在，看看你会写下什么。

1　杰克·吉尔伯特（Jack Gilbert，1925—2012），美国诗人。

海明威：冰山之下

Hemingway: What Is Not Said

　　为了陪同一位中国朋友，我第三次去了基韦斯特[1]游览，其间我还独自去了当地的海明威故居（Hemingway House）。我的朋友贝克辛不想骑自行车逛，于是我自己租了一辆，同样，这也是我第三次造访海明威故居了。

　　第一次去还是三十年前，和凯特·格林（Kate Green）一起。当时我们都是年轻作家，渴望从外界寻求到一切迹象或鼓励以坚持这条写作道路：我们在青年旅舍的十人间里定了两个床位，一共住三个晚上。我记得双层的弹簧铁床摇摇晃晃，我们睡在下铺，深夜面对面窃窃私语，发誓一定要每两年写出一本书来，并试着找到传说中田纳西·威廉姆斯[2]曾在海边住过的地方。但是当我们来到海明威的故居时，它像潮汐一般将我

1　基韦斯特（Key West），位于佛罗里达州，海明威曾经在这里居住。
2　田纳西·威廉姆斯（Tennessee Williams，1911—1983），美国作家、剧作家。

们震慑住了——黄色的涂墙，二楼的绿色回廊，他的第二任妻子波琳（Pauline）独自建造的长方形游泳池——那十个月里他正在参与报道西班牙内战，认识并出轨了玛莎·盖尔霍恩（Martha Gellhorn）。这是我的第一次拜访，它点燃了我们的野心。那个时候的我们渴望被人听见，渴望卓越，渴望永远地献身文学。

十五年后，我又去了。当时我的母亲独自住在棕榈滩（Palm Beach）附近，我和她的关系一直紧张，拖了几天才去见她。我记得自己乘坐快艇去了很远的一个海滩，还逛了一间书店。接着我去了海明威的故居，但是只剩下一点点遥远的记忆，当时我的脑子里充斥着即将见到母亲的压力。她已经八十多岁了，却冲动地决定卖掉房子跨越整个美国搬到洛杉矶，然后把所有打包的事情交给我。她的房子立刻卖了出去，买家是个壮实的意大利男人，毛茸茸的胸间挂着条金项链。但是她很快后悔了，恳求这个男人拿回定金，"就别为难一个老太太了"。当时的我即将一头卷入这场纷争，于是将海明威的文学世界也暂时置于脑后。

在第一次造访的二十五年之后，第二次造访的十年之后，第三次我又来了。这一次的拜访意外地击中了我。一月底的海明威故居全是用手机不停拍照的游客，我好不容易找到的导览工作人员长着一张红彤彤的脸、金黄色的大胡子，好像觉得自己就是海明威本人似的，时不时掏出装酒的银罐抿上一口（向这位伟大作家致敬？）。他一直提到躁郁症，海明威终生都在与精神疾病搏斗，就算他喝酒也是为了"自我治疗"。我认识的一位南方作家朋友同样与这种精神恶魔作斗争，就算接受了治疗，也仍旧饱受其苦，何况在海明威生活的年代，并没有很好的治疗条件。我可以想象，深深的忧郁让他仿若深陷在没有窗户的地下室里，只能每天晚上走路去"乔的酒吧"喝上一点让自己放松。早上六点一醒，他就立刻去工作室写作。那是一间由旧马车房改造成的阁楼，楼下是客房。书房简单舒适，有大窗户，有地毯，房间中间是一张小木桌，上面摆放着他的打字机和笔记本。墙上排了几列书架，挂了一些画。

参观那间书房的时候，时间仿佛静止了，你能感受到一种专注感仍然存在于那个空间中。你可以很容易地想象他坐在那儿，深深沉浸在某个场景中，故事沿着打字机倾泻而出。我不是唯一能感受到这一切的人，身后的几位游客都倒吸了几口气，甚至安静了下来。在这里生活的十二年间，他和妻子波琳抚养大了两个儿子。导览人员念出一长串他在这里写的书名：《非洲的青山》（*Green Hills of Africa*）、《第五纵队》（*The Fifth Column*）、《胜利者一无所获》（*Winner Take Nothing*）、《获而一无所获》（*To Have and Have Not*）以及我最喜欢的作品之一《死在午后》（*Death in the Afternoon*）。

下午，海明威和他雇来的古巴人乘船出海钓鱼，这位古巴人成为他的好朋友，可能也是他最著名作品中的原型。离开波琳以后，他和玛莎结婚，搬到古巴定居下来，在那里他创作出了《老人与海》。五年时间不到，他和玛莎也离婚了，继续和第四任妻子玛丽在古巴生活。夏天他们会去爱达荷州的凯彻姆

（Ketchum）居住。

1959 年古巴革命期间，卡斯特罗没收了海明威的房子和船，这个打击让他很抑郁，久久无法振作起来，于是同意接受电击疗法，没想到电击毁灭了他的记忆。他失去了过往，再也无法写作，最终选择自杀。导览人员说，海明威的选择和他的父亲一样。难道自杀也有家族遗传吗？

《老人与海》获得普利策奖之后，一九五四年，海明威获得诺贝尔文学奖。他在一本平装书的底页打了获奖感言的草稿。我的两位学生在纽约公共图书馆庆祝建馆一百年的展览中见过这份草稿。她们告诉我和最终版本没有多少差别。海明威的句子犹豫、局促而笨拙，你可以从文字中感受到他的紧张，文章一开头就是"我没有能力……"。我的这两位学生，莎琳和多罗泰娅读过以后，经常开玩笑地重复这个开头，但她们的内心确确实实被海明威的孤独和不安震撼了。长久以来他一直被看作强悍的白种猎人，刀枪不入，无坚不摧。事实上，没有一个作家是那样的，也没有一个人是那样的。

参观完以后，我回到故居后面的小书店，买了那本有名的中篇小说。我很久以前就爱上它，但是后来读了太多书，我便把它忘记了。第一次读《老人与海》还是在高中完成老师布置的阅读作业时。毫无疑问，这是一本好书，但是老师却向我们暗示这本书里的老人就是耶稣，或者具有宗教意味的象征，这一度泯灭了我对这本书的兴趣。

我把书塞进皮包，骑着我的粉色自行车在拥挤的基韦斯特的街道溜达，到处是生机勃勃的橡树和盛开的木兰花。中午，我和贝克辛在房间的阳台再次见面。

"那是什么？"她指着院子里的老菩提树问，树的气根顺着枝干垂下来，变成了很宽的根。

"在印度，很多人家都住在这种树下。"我说。我很喜欢菩提树，也见过很多次，我试着想象人们第一次见到它的奇妙感觉。

我从包里拿出海明威的书，翻到献词那一页：献给查理·斯克里布纳尔（Charlie Scribner）和麦克斯·珀金斯（Max Perkins）。斯克里布纳尔是一位伟大的出版家，麦克斯·珀金斯则是一位伟大的编辑。海明威、菲茨杰拉德[1]和托马斯·沃尔夫[2]都是他的作者。麦克斯·珀金斯是那种传统老派的编辑，会拎着一袋食物爬上很多层楼去探望你，借钱给你，鼓励你。珀金斯和沃尔夫一起工作好几个月，修改完一千一百一十四页的手稿，最终诞生了《天使望故乡》（Look Homeward, Angel）。毫不夸张地说，查理·斯克里布纳尔和麦克斯·珀金斯培育了整个美国文学。海明威躬身写作，不是为了任何人，但也是面对每一个人写。我猜当他写作的时候，心中也装着这两个人，他知道如果自己写得足够好，这两个人能够将他的书带给大众。

贝克辛拿起书，翻到中间某一页，大声读了出来。我感到

---

1 弗朗西斯·斯科特·基·菲茨杰拉德（Francis Scott Key Fitzgerald, 1896—1940），美国作家、编剧。

2 托马斯·沃尔夫（Thomas Wolfe, 1900—1938），美国作家。

意外地开心，后来我把她念的这几段做了标记。第二天我们搭渡轮回到麦尔兹堡（Fort Myers）的时候，相约为对方朗读整本书。我开车穿越大柏树平原（Big Cypress），进入大沼泽地（Everglades），听着贝克辛朗读，白鹭从沼泽中飞起，我们正在经过塞米诺尔人[1]群落保留区的茅草屋。

"我从没想过自己会对一本钓鱼的书感兴趣。"贝克辛在华尔街工作了三十年，她紧紧抓住这本书，"但是现在，我只在乎这本书。"

四个星期后，看着我在这本书上做的标记，我几乎忘了当时自己为什么要标记它们。自从去了佛罗里达州以后，生活一直很忙，我需要安静下来才能再次进入这本书。我翻到第二十三页，又读了一遍。"淡淡的太阳从海上升起……"我进入了，又可以看见了。"淡淡的"是关键词，这是一个独一无二的日出，我在船里朝外注视着它。"……老人可以看到其他船，低低地挨着水面，朝着海岸方向……"我也能看到它们了。"随后太阳越发明亮，耀眼的光照射在水面，随后太阳完全升起，平坦的海面把阳光反射进他的眼中……"

海明威捕捉到了太阳和光线的层次渐变，他从不会轻视寻常之物，比如日出。相反，他的灵感被这些事物滋养。一旦你进入那里，书里的梦会一页一页朝你打开，那位老人成了世界上最伟大的人。

1　塞米诺尔人（Seminoles），美国原住民的一支，原本居住在佛罗里达州，后被强制迁移到俄克拉何马州。

这本书只有一百二十七页。文字很少，却说了很多。"如果散文作者对自己正在写的东西有足够了解，便可以省略掉一些知道的事情。只要写得够真诚，读者对省略的内容会有强烈的感觉，就如同作者写出了它们。"[1]

冰山之下的和冰山之上的一样重要。《老人与海》创造出了空间，让我们得以与那个老人在一起。这本书也在我们的内在打开空间。从书页间抬起头，看看四周吧：地平线变得更生动了，光的颜色缓缓变化，云、铁轨——不论你在哪里——工厂的砖块、河上的桥、正在挠鼻子的戴红帽子的女人、窗上的雾气、街上肮脏的积雪、钻过栅栏的猫……世界是我们的。

冥想的方式有很多。不论什么方式，只要它打开了我们，柔软了我们的内在，让我们有活力面对这个世界，并且更好地承担它，那就是我们的道路。

某一天我会去往爱达荷州站在海明威的坟墓前，道三声：谢谢您！谢谢您！谢谢您！

2011 年为期一年的"真正的秘密"止语书写营里，我把《老人与海》作为指定阅读书目。书写营二月底开课，一开始就不容易——气温骤降到零下十摄氏度、零下二十摄氏度，然后是零下二十五摄氏度。新墨西哥州从没有这么冷过，汽油供应商的管道都冻得炸开了，我们好几天都没有暖气。我从圣菲开车过来，沿路的所有学校都关闭了，当我到了梅布尔·道

1　引述自《死在午后》。

奇·卢汉之家时，那里简直像个冷藏柜。但是不管怎样，我们还是在这里相聚了，我是唯一一个面对窗户练习的人。第一天早上，我看着鹅毛大雪下个不停，人行道上已经结了一层厚厚的冰。我们的学生，有些来自北卡罗来纳州、佛罗里达州、阿肯色州，有些来自得克萨斯州和加利福尼亚州。他们的外套、手套、靴子都不够保暖。

不可思议的是，六月份他们回来上第二个阶段的课程，当时的新墨西哥州正处于严重干旱状态。一位同学半开玩笑地说："我洗头，洗着洗着，头发自己就干了。"已经好几个月没有下一滴雨，亚利桑那州的野火烧到州界，空气中弥漫着烟尘的气息。

到了九月，如果发生蝗灾，我也不会感到吃惊。

第二天早上上课，我问："你们当中有多少人读过《老人与海》？"

几乎所有人都举起手，但是大部分都是在学校念书的时候读的。一位名叫珍的同学说："很多年以前，我参加伊芙琳·伍德（Evelyn Wood）的速读课，我们必须用五分钟或十分钟读完这本书。"

"这样的书，现在应该没有人写得出来了。"我说。是的，会有别的书描述我们的时代，但这位老人曾如此地接近海洋和那条大鱼，不是用钓鱼竿和线轴，他只有钓鱼线，缠在手上，拿背拼命地抵住。

住在墨西哥海岸的一个小渔村里的学生索尼亚说："你没法相信，现在游客的钓鱼设备有多高级，他们甚至有个仪器可以探测到哪里有鱼。"我们骚动起来，然后很长一段时间，没有人说话，只是感受着这本书中的神秘。

快到午餐时间时，我打破静默，布置了一项作业：书写十分钟，像海明威写的那样简洁，全文只准用一到两个音节的字。

> 1973年夏天，我在罗马走下火车。火车很长，深绿色，窗户很小，雾蒙蒙的，蒸汽从刹车和发动机的孔里嘶嘶往外冒。车站有些年头了，高耸的拱形古铜骨架贯穿整个站台，它诞生的时代，我只从别人的故事里听到过。我站在站台上，手上提着行李箱，走向出口。我不知道要去哪儿，但我知道，美国女人在罗马要小心，务必看起来知道自己要去哪里。如果她们看起来手足无措，身边马上会出现帮忙的意大利男人。他们的好意不可接受，虽然我确实需要帮助，但不是现在。我穿过巨大的格栅门，走进一条小街，路沿停着出租车，司机站在人行道上，问每一位过路行人要不要搭车。我来自美国的中西部，那里的街道笔直整齐，如果停着一排出租车意味着你应该坐上第一辆，但这里不是。这里只看谁的声音最大，谁最能靠近你（一种超过搭乘关系的亲密），谁的手挥得最快。这里的一切，我都不熟悉。
>
> ——黛博拉·霍洛威（Deborah Holloway）

使用单音节的字会让我们更加接近事物，这样一来，我们必须用更多细节来传达复杂的情绪和想法。一个作者不能躲在复杂的词语后面，这些词往往不具体、模糊不清或者含有歧义。我们必须探索到内心更深处，寻找更亲近的感觉，寻找那些躲在复杂文字底下的感觉。写作不能太绕。类似于胖、红色、原始、干燥、热、老、长、黑暗一类的词就很直接，很容易描述景象。

现在轮到你试一试了，让海明威引导你。记住：好的作家才是我们真正的老师。

温迪：南方的气息

Wendy: Hints of the South

　　我们来看看温迪·约翰逊的作品。温迪是长期的禅修者、园艺师，也是《龙门园艺》（*Gardening at the Dragon's Gate*）的作者。过去十六年，她还为杂志《三轮》（*Tricycle*）撰写园艺方面的专栏文章。身为园艺师，她采集土壤样本，而我们就采集她在 2011 年 8 月的专栏，当作书写的研究样本吧：

　　北卡罗来纳州的大西洋海岸内陆，我沉浸在浓郁的盛夏里。辣椒熟了，有的橙绿，有的暗绿，旁边是圆滚如猫眼石的茄子和长久经受日照的金色番茄，垂挂在热蔫了的藤蔓上。胖乎乎的蜜蜂，驮着沉沉的琥珀色向日葵花粉，穿梭在悠长迷蒙的八月。丰饶的悸动中，我怀念起干燥明快的西南方。

　　一句啰唆的话也没有，黑就是黑，白就是白，直抒胸臆，充满禅意。盛夏汹涌，茄子像"猫眼石"，并且"圆滚"；番茄藤"热蔫了";"胖乎乎的蜜蜂""驮着沉沉的⋯⋯花粉"，"穿梭在悠长迷蒙的八月"。这是一段汁水饱满的文字，你感受到夏季的浓烈和郁热。你准备好了，涂上厚厚的水宝宝防晒乳液，躺在碎石小路上，让酷热的太阳将皮肤烤成小麦色。

后面还有一段，我也摘录过来——请记住，我们学习她书写的方式，而不是园艺知识：

一百一十三天没下过雨了，野火蔓延，灰色的天空有些泛红，空气中充斥着刺鼻的烟味。我和二十五位禅修的同道者、邻居、朋友站在光秃秃的园地上，一丝丝潮湿的海雾正从我的身体蒸发。

带齿的铁皮掘土叉扎进禅修中心干燥的泥土，拔出来，滚烫得要燃烧。

盛夏的八月，花园正在怒放，植物虽少，却生机勃勃。在这个干燥的地方，关于美好世界的希望已然深深扎根。

温迪的书写正是我们心目中理想的写作，让人羡慕，"我没办法写成那样"。这种葱郁迷人的语言对她而言，完全出于自然。虽然她自称从小在美国东北部长大，但是二十年前，当我第一次听到她的文字时——我正在绿谷禅修农场（Green Gulch Zen Farm）进行为期六周的修行——我打破静默，说："温迪，说老实话，这是南方的文字，一般人写不出来这种风格。"

她红着脸，道出实话："呃，我家人来自阿拉巴马州。"

"我猜到了。"我眯起眼睛。我早就猜到，又是一个为自己的出身感到羞耻的南方人。

我遇过许多这样的情况，就像德国人以大屠杀为耻，南方人因为蓄奴制度、非裔美国人的民权问题一直怀有历史性的心理创伤。

温迪没有在南方生活过，青年时期她还参与过塞尔玛游行[1]，但是羞耻感仍然传承了下来，一同传承下来的还有伟大的语言天赋、对故事的感觉、与土地的联系，还有对某些特定事物的了解，比如花、树、沼泽，因此她熟悉并且尊崇它们的名字。这些都是优秀作家的重要元素——没错，就算是罪恶感和痛苦，它们也会推着你前进。南方人输掉了内战——他们知道失败是什么滋味。好作家就是这么出来的，美国南方出了不少优秀的作家——理查德·赖特[2]、威廉·福克纳[3]、尤多拉·韦尔蒂[4]等，名单很长。

我告诉学生们，不要沮丧。他们有南方基因，我们则可以依靠努力。

老实说，虽然温迪拥有自然的天赋，但她也还是需要努力。六月，她和我在梅布尔·道奇·卢汉之家共同为止语书写营的第二期课程教课。每天下午一点到四点之间，学生们可以各自练习，书写、静坐、慢走甚至睡午觉（深度休息很重要），这段时间所有人保持静默，温迪则在专心琢磨她的专栏。每天她都会在餐厅外的露台上，面对同一张桌子，坐同一

1　塞尔玛游行（Selma March），二十世纪六十年代重要的民权运动。
2　理查德·赖特（Richard Wright，1908—1960），美国黑人小说家、评论家。
3　威廉·福克纳（William Faulkner，1897—1962），美国作家。
4　尤多拉·韦尔蒂（Eudora Welty，1909—2001），美国女作家。

把椅子，在巨大的白杨树的树阴下，埋头于她的笔记本中。她很勤奋，每当我们经过她身边的时候都能感觉到，她简直就像被钉在那儿一样，一动不动。我们很多人的困难是想不出好的词语和句子，她却苦于头脑里拥有太多——每篇专栏限制在七百五十字以内。

她开玩笑说："我必须送我的书写去维克·坦尼[1]。"维克·坦尼是一个老牌的健身房品牌，能让你流很多汗，变得苗条，在电视上打过许多广告。她的意思是必须勒紧自己丰饶的书写腰，让自己的书写保持精练，重点突出。其实我们书写时都得如此，无论你的辞藻丰富与否。

当写到某种特定的植物——比如阿兹特克白扁豆或者红花菜豆时，她会有一股强烈冲动想要花十个小时研究这种植物的历史，一方面是确保写得准确，另一方面是出于想要探索的好奇，还有就是拖延。想一想，这一点也很南方，南方人热爱历史——但也可能拖延你的写作。

书写的时候，我们总是想方设法地逃避，最近我的招数是不停地检查水和巧克力储备。写到某一句的一半，我便起身去清点自己的零食库存。这种逃避其实是一种紧张和兴奋的表现：我们能忍受绝对赤裸的真实多久？不管写什么，哪怕是报纸上一篇关于水泥的小文章，书写都会让人兴奋，也让人害怕。书写表示我们在意，我们思索，我们存在。

一个星期过去，同学们更加理解温迪，因为他们看到了她

1　维克·坦尼（Vic Tanny），美国运动健身品牌，由美国运动员维克·坦尼创立。

的付出。最后一天早上当她朗读自己的作品时，所有人都入迷了，她成为"我们的温迪"，所有人都期待着杂志刊登出来的那一天。

我鼓励你书写。我对每个人说，书写很好，很有帮助，它会让你变得完整。在日常生活的种种冲击之中，人对自己认真并且充满目标感，这并不容易。我可以提供给任何人的唯一的建议就是：去写。就算会有种种来自内部和外部的抗拒，只管去写。拿起笔，面对自己。

我告诉温迪她是一位很美的作家，但她却一脸茫然，不相信我。这么多年来，她只偶尔微笑一下，但是我知道她很热爱自己的工作，也为此感到骄傲。其实每个人都一样，在"她是谁"和"她认为自己是谁"之间存在着一段距离。

想想你认识的一个非常动人的人，他往往不知道自己很美，通常他会比我们对自己更加不自在，或者走向另一种极端——非常自负、虚荣，其实内心过度缺乏安全感。我们很少刚好处于那条线上——我们就是自认为的那个人，没有更好，也没有更糟，内外一致，表里如一。所以，请继续通过书写探索自己，这才是重点。

还有一件关于温迪的事，我觉得很重要：她并不"读书"，而是直跃其中。我们一起教学的时候，她常常提前三天到达，毫无准备，然后在那倒数的七十二小时里读完指定的读物。我看过她曾经因为前一个晚上通宵读詹姆斯·鲍德温[1]的

1　詹姆斯·鲍德温（James Baldwin，1924—1987），美国黑人作家。

《乔凡尼的房间》（*Giovanni's Room*）而以为自己身处巴黎；也见过她因为读完派特·康洛伊[1]的《浪潮王子》（*The Prince of Tides*）而无法摆脱老虎的意象，一直往肩膀后面看，她的新宠物在哪儿呢？在读大江健三郎[2]写的《个人的体验》（*A Personal Matter*）时，她不会想"这跟我知道的日本人不同"，而是沉浸在那样一个疯狂年轻人的生命旅程中。当然会有需要分析的时候，但就算没有足够的时间，仍然热爱阅读，这是作家的特质。不仅是热爱阅读，也是在阅读中忘记自己，和作者共呼吸。

温迪有着狂野而错综复杂的家族故事。我很爱听——多说一点，多说一点，我请求她。你需要去拜访家族里年老的阿姨吗？我给你开车，我甘愿做志愿司机。我想做的是：把她关在一个房间里一整年，提供给她很多笔和纸，并告诉她，除非写出一本歌德式的南方小说，否则别想出来。我会每天供应两餐，让她保持一定饥饿感。这对作家的创作有好处。

但是，娜塔莉，你一直说的那些关于练习和善意的关照呢？

管它呢。为了一个好故事我可以丢开一切。

1　派特·康洛伊（Pat Conroy, 1945—2016），美国作家。
2　大江健三郎（1935—2023），日本作家。

一休和尚：一心二门

Ikkyu: One Heart, Two Gates

一九九三年，我在陶斯的邮局信箱中收到一个信封袋，里面是一本八十页的小书《无嘴的乌鸦》（*Crow With No Mouth*），作者是生活于十五世纪的日本禅僧一休。全书采用黑色粗体字体，由史蒂芬·伯格（Stephen Berg）担任编辑，科珀峡谷出版社（Copper Canyon Press）出版。

书是美国禅师乔治·鲍曼（George Bowman）寄来的。"你竟然不知道一休和尚？"上一次我们见面时，他很惊讶地问。

我摇头。当时我已经修习日本禅宗十九年之久，却不知道一休和尚。信封里附有一张纸条，写着："临济宗[1]的伟大先师之一，这本书虽然是英译本，但你还是能从中感受到一休的

1　临济宗（Rinzai），禅宗主要流派之一。

智慧。”

临济宗是禅宗流派之一，重视以心印心，而我最初学的是曹洞宗（Soto Zen）。片桐大忍禅师曾经半开玩笑地说他们是"不太聪明的老先生"，因为曹洞宗不强调心印。

站在停车场，我读完书上的一首小诗，然后坐进那辆一九七八年产的丰田越野车，挂挡，车身咔咔震动，轮胎甩出地面碎石，沿着土路的车辙，往十年前我用啤酒罐和废弃轮胎建造的一幢房子驶去。我完全生活在现代社会之外——没有水电设施，没有燃气。一株梅尔柠檬树长在我的卧室，每年十月或者十一月，乳白色花朵的香气充满整个房间。到圣诞节，我会将它的果实作为礼物送给朋友们，果皮薄到可以直接咬穿，吞下里面的汁水。

我决定好好了解一休和尚，在这块平顶山上我还有十年时间来凝望他。

屋檐滴落雨
寂寞声如是[1]

过了两天，我才读到他的第二首诗：

无香无粉无迹寻
来年春日枝自发

读这首诗的时候，我正坐在一把堆满杂物的粉红色椅子上。我把它又读了一遍，从里到外。这首诗写的不是树枝，而

---

1 译自英文，下同。

是开花；但也不是开花，诗里没有写到花，但是花一定会开。是对空无的相信。什么都没有。

接着我又读了一首：

生，生，一刻不停地出生
为何不试着努力不出生

我大笑，人类是多么疯狂地审视自己！我进入了一休的世界，把整本书读完，并且标记出特别喜欢的诗。这个选本的诗都很短，每首两三行。和一休共同生活的那几个月里，我的日子焕发出充满生机的绿意。感激乔治将这本诗集寄给我。

唯一重要的公案
是你

就像被蜜蜂蜇了或者脚踩在尖钉上，感到一阵刺痛。公案——数百个高度凝练的禅宗公案故事，每个故事从不同侧面、角度、层面上洞穿现实。然而一切精华都可以浓缩成一个字"你"，这个万花筒一般的谜案叫"自己"，谁能参透？谁又想参透呢？他手指一转，戳了戳我们的胸膛，给我们直接的鼓励。从一休的书中，我找到一位盟友、一位禅师、一位志同道合的战友。我不孤单。

那个秋天，绿意盎然的几周过后——当然不是指新墨西哥州干燥的大地风景，而是指我内心的绿——每当有朋友打来电话，倾诉自己正处于艰难时刻，我总会说："等一下，我有对症下药的好方子。"我会跑去拿来一休的书，然后给他们读一段：

厌倦了，无论厌倦的是什么
我将身体每一个毛孔献给此刻

厌倦了故事情节，厌倦了我们大脑前额叶漫无边际的絮叨，厌倦了内省。莫不如把自己抛入清澈的当下。我大声朗读着一休的诗，感到一轮轮头晕目眩。朋友们说很有帮助，这不禁让我更为敬畏。

我想给予你一些
但那又有何用？

我的热情会让自己变得盲目吗？原谅我，朋友们。

如果本来就无处可栖
又怎会在途中迷路？

为了书写，你必须进入练习的生活：

诗从不毛之地生长出
夜晚降临到夜晚，在黑色的风景上

这就是书写的源头，无论你是在艾奥瓦州读创意写作课，还是在威斯康星州的农场做山羊奶酪，或在科罗拉多州乘着木筏顺流而下，抑或在阿富汗拿着步枪站岗。

公案之书搁置一旁，心与渔夫的歌声相印
雨水拍打河流，我不顾一切地唱歌

一休的母亲是当时日本天皇的情妇。怀孕以后她必须躲起来，腹中的男孩注定无法继承皇位。五岁的时候，一休躲进寺庙，以免遭到暗杀。

十七岁时，一休跟随严格的禅师谦翁学习并一起生活了四年。只有师徒两人。谦翁去世时，一休哀伤欲绝，试图自杀，正要投琵琶湖自尽，他的母亲差人赶来阻止，请求他为了她活下去。

后来他遇到第二位老师，高僧华叟宗云，亦是一位严格的禅师。二十七岁时，一休坐在琵琶湖上的小舟里冥想，忽闻头上一只乌鸦啼叫，即刻大悟。整个宇宙被啼声灌满，而他自己，消失了。

关于这个经验，他写下一首诗：

十年愚钝，不甘命运安排

愤怒骄傲仍在心头

夏日午夜，琵琶湖，我的小船

啊——父亲，你抛下我们

彼时我还是小男孩

现在我选择原谅

当我们觉醒，直视内在的自己时，父亲是不是也在那里？我问我自己。我们是否从未离开过我们的父母？

乌鸦的叫声将他带回到宇宙的核心。自由不意味着拒绝、逃避，而是一种决心，决心让我们体内每一颗细胞的泥沙沉淀，落入当下——街角的房子，准时的邮差，亚利桑那州一位女议员被射杀，昨天是国王生日，朋友玛丽的母亲在十九年前的今天去世，桌边最后一小块巧克力，头发有点脏。在死亡面前，一切都是寻常物，我们没有什么特别的事情得做。

忽然，除了哀伤，什么都没有

所以，我披上父亲的旧雨衣

当时我父亲仍然健在，我很爱他，却在不久前与他大吵一架。我在强烈的情感、意志和愤怒之间挣扎撕扯。一休的诗歌里乌鸦啼叫，不影响我在佛罗里达州的父亲，但那只扑扇着翅膀的黑色乌鸦却飞过大地，改变了我。

后来一休离开了华叟禅师，二十九岁到五十岁这些年都在云游朝圣。如此长时间的云游并不寻常，传统上，顿悟以后开始云游，是为了加深修行悟道，但所有事情一休都打破了戒律。这个时期，他发展出街头禅学（Street Zen），走出寺庙，进入凡夫俗子的生活：在贫穷与凡尘琐事中吃肉、吃鱼、喝酒、做爱。他逛妓院，在桥下跟小偷、流浪汉、海盗、流浪女、骗子混迹在一起。这个过程中他创造出了"红线禅学"（Red Thread Zen）。这是借自中国古代高僧虚堂智愚[1]提出的概念，通过一根充满热情的红线——也意指带着鲜血的脐带，将人类的生与死联系起来。要真正觉醒，就必须走出与世隔绝的神圣之境，迈入人类生活的中心。

在全新禅宗观念的引领下，一休创造出了新形式的书法、诗歌、能剧[2]、茶道和陶艺。在那个充满破坏、阴谋和各种敌对分裂势力的时代，一休秉持的宗旨是极简。

1　虚堂智愚（1185—1269），南宋禅僧。

2　能剧，一种日本古典戏剧，源于猿乐，经观阿弥及其子世阿弥等艺人改革，演变为能剧。表演时演员穿着华丽服装，戴着面具，配合极简单的乐器伴奏，借由台词、身段、舞蹈和合唱，表达戏剧内涵。也称能乐。

在人人被权力欲望驱使的时代，一休的思想直指人心、人性，并为日本的禅学注入女性元素。神圣之境并非与俗世隔离，相反，人人都可以修行，修行无处不在，不论是烹饪、照顾孩子还是艺术创造。

心是什么
一幅被人遗忘的画里
微风拂过松树的声音

七十七岁的时候，一休爱上了三十多岁的失明女乐师森，他赞叹森的聪明与才华，并将其视为自己的真爱。当然，他也为她写诗。

你内在的夜晚摇晃
双腿的气息便是一切

阅读、吃饭、唱歌
无有差别 做爱也一样

八十多岁的白发僧人
仍旧每晚对自己和天上的云唱歌
因为她自由地付出自己
她的手、她的嘴、她的乳房、她潮湿的长腿

八十多岁的时候，一休仍旧不从众随俗，但是禅宗邀请他担任华叟宗派在京都的寺院——大德寺的住持。很多年前，当华叟被问及谁将成为继任者时，虽然对一休放任自由的生活方式感到诧异，华叟仍然承认了他出众的才华和天赋，回答："那个疯子。"如今预言成真。历经长久的动乱，京都已成废墟，一休肩负起重建寺庙的任务。他的弟子们大多是富有的商人阶层，不像军事家族或皇族那样遭受重大创击，纷纷出手相助。其中一位支持者甚至砍下自己船上的船桅当作新寺院的柱子。

按照传统，禅师在临终前都会在床头写诗。一休的这首诗经常会在禅修聚会上被人读到：

我不会死，我不会走，我就在此
勿问，不答

这是临济宗正式承认的一休的临终诗。但是他也写了另外一首私人的临终诗，交给自己一生的真爱——森。

悔恨再也不能把头枕在你的腿上
我永恒的誓言只属于你

这一首诗更像他，充满鲜活的情感。

离开多年，二〇〇〇年我又在明尼苏达州住了一年半的时间。一天晚上在圣保罗，我与一位禅师朋友面对约一百位从未听过一休的人演讲。我们很惊讶地发现彼此选的诗都不一样。我喜欢幽微的、带有觉醒能量、可以穿透日常实相的诗，而我的朋友则对充满性张力以及抗议禅宗组织化的诗特别感兴趣。

比如这一首，就是一休对虚伪修行的谴责：

有人贪恋无用的勺子、篮子和庙宇的捐赠
我却喜欢身着蓑衣在水边散步

虚伪者使用棍棒、喊叫和其他伎俩

一休像阳光直达上下

现场，我们带去的二十一本《无嘴的乌鸦》，被抢购一空。

回到朋友家，我仍然穿着厚夹克，在角落的绿沙发上坐了很久。那是十二月初的一个刺骨寒夜，正是严冬的开始，屋里很暖和，但我没办法脱下外套。一休活在几个世纪以前，但我分明感觉到他就在这里。他总是对自己毫无保留。

中国有句俗语，乔安·萨瑟兰德告诉我的，叫"一心二门"。当你抵达某个深度时，生命会朝两个方向敞开：个人的解放和改变世界。这便是那天夜里我在朋友家的客厅感受到的——一休的心有两道门，它们来自同一个源头。

一休是我书写的一部分，也贯穿我的静坐、慢走和站立的修行。我们携带着那些深入我们生命的人，共同度过一生的时间。直至生命结束，我都会深爱这个矮个子、方脸庞、鼻子扁塌、眼神忧郁的男人，他智慧的光芒穿越时间、空间与寒夜。

道元禅师：用整个身体书写

Dogen: Write with the Whole Body

　　十五年前的一个星期二，止语书写的课程进行到一半——整个上午我们都在静坐——我搬出电视机，播放了一个 VCR 录影带（当时还没有 DVD）叫《山与河：道元禅师的神秘现实主义》（*Mountains and Rivers: Mystical Realism of Zen Master Dogen*）。道元是十三世纪的日本禅师，也是曹洞宗的重要人物。我最初就是师从曹洞宗，我经常引用道元的话，其中一句相信我的每个学生都知道，叫"在雾中穿行，你自会浸湿自己"。不要试图去理解修行，你只需去感受，就像渗透机制，教义会进入你的身体。这也是我们学习书写的方法，不是经由理性学习，而是用整个身体来书写。修行经由身体传递：我们的手、腿、牙齿、臀部、眼睛、大脑、鼻子、心、膝盖都在吸收。经由身体内化过的东西，谁都拿不走。但是，道元也说："不要以为你明了的一切都会成为你的知识，并且被你的意识牢牢控制。"你拥有，但也什么都不拥有。你是自由的。

那部影片包括美丽的山水风光、原创音乐，还有我的好朋友、已经过世的住持约翰·戴多·卢里（John Daido Loori）朗读的道元禅师的文字。

这些文字我听过很多次，影片还是第一次看。我坐着专心观看，沉浸在音乐和文字中。至少过了二十分钟，我才想到应该看一眼学生们。当我转过身时，他们一个一个再也绷不住，大笑起来，笑得眼泪都流出来，有人甚至从椅垫翻到地板上打滚。

我只得按下暂停键。"怎么了？"我一头雾水，"你们不喜欢吗？"

莎琳，一位长期跟随我学习的学生，也是一位歌手，开始用歌剧唱腔模仿影片中道元禅师的话。

弗兰妮，一位内华达州联邦公设的辩护律师，干脆直接问："你从哪里弄到的这个？"

直到许多年后的今天，我只要一提这部影片，当时在场的人就会举起手来："拜托，我可受不住。"然后又是一阵爆笑。

应该说一下，这部影片是得过奖的，我还没有那么离谱。我觉得学生们没有理解的是，那一周经过高强度的静修，遇到道元的文字，便直接让他们的脑子脱离逻辑、狂野飞舞起来。止语书写营里，脱离惯常的社会节奏和日常生活，我们脑子常常会蹦出一个声音："我疯了吗？我在这儿干吗？"但这也是机会，让我们得以用更加开阔的视野看待世界，不要被习惯、舒适以及某种形态的社会组织局限住。社会组织可以带来效率，也常常让人变得麻木和盲目。

恰恰就是在他们的意识打开之时，道元的声音进入了。我读一段《山水经》[1]的经文吧，这样你就能理解当时学生们的感受了。

当你眼见十方流水即为十方流水时，那个时刻值得被关注。不仅仅是人与天见到水，也是水见到水。它是一个完整的领悟。你应该往前、往后去探寻，跨越那些众人一直寻而不得的所谓要道。

笑声可能是从心灵深处发出的——一些事物辨认出另一些事物，打开的心灵遇见另一颗打开的心灵，一个修行的人遇见十三世纪正在修行的道元。时间不再存在。笑声就是那个问题的终极答案：我疯了吗？你当然疯了。当我们一起疯掉的时候多快乐啊，我们像镜子映照着彼此。这就是道元一直在做的。

道元不解释"领悟"为何物，仿佛它是一个可以被分解、讨论和验证的东西。道元只是从事物的核心发出召唤，经由语言以一种全新的方式来传递觉醒的感觉。

有时候乌鸦在你头顶鸣叫，小石击中竹子，"咔嚓"一下，新世界开启。在这里，道元用语言带我们进入一个超越语言的世界。可是存在一个超越语言的世界吗？好吧，他显然也是通过语言来做这一切的。

但是这些文字不是用来解读的，你不用解读它，只需要变成它。这才是学习的正确方式——真正的内化。它流经我们的

1　道元禅师集思想之大成之作《正法眼藏》中的《山水经》。

整个身体，我们每一个细胞都在吸收，而不仅仅是脑子和意识。

你应该关注青山，以万千世界作为你的法眼。你应该仔细留心那青山如何行走，你如何行走。你也应该留心往后走以及倒退着走。混沌破开，从世界初具形态的那一刻起，前进和后退就从未止息过。

一九九〇年那一整年，我在圣菲每周和一群写作朋友聚会。大家都很熟了，为了好玩便指定艾迪当老师，所有人一起写作，主题不限，希望能在此基础上发展出一部小说。

有一次，十个人里面只来了五个人。约翰想读詹姆斯·索特[1]的《光年》（*Light Years*），那本书他几乎从头到尾都会背了。但紧接着就有另外一个人拿出她喜欢的书，打开读了出来。

"等一下，"我说着跑进卧房，拿出阿尼·科特勒（Arnie Kotler）和道元的《山水经》，"听听这个。"大家也来到我的卧室，除我以外，所有人都坐在床上。我站着朗读道元的文字，身体跟随文字的韵律轻轻摇摆。我懂它们的意思吗？我知道自己认得它们的妙处，我知道要让语言像风一样从身体吹拂而过。你总不会一直停下来问这个风是什么意思，对吧？你就让它吹拂。

念完后，约翰、艾迪、罗伯和另一位朋友惊愕地抬头看我："啊？"

我问："你们听不懂吗？"

不懂，他们都摇头。

1　詹姆斯·索特（James Salter, 1925—2015），美国作家。

好。我再读一些，你们听着就好。

不仅仅是世界上存在水，而是水中有世界。不仅仅在水中，云中也有众生世界。空中有众生世界。火里有众生世界。土里有众生世界。表象界有众生世界。

我读得很兴奋。

我的朋友，唉，并不兴奋。他们很聪明，真的很聪明，但道元直接把他们放倒了。那一刻我前所未有地明白，很久以前我的写作道路已经转了弯，走上了一条就连最聪明的脑子也不一定会选择的道路。从那以后，我理解了自己胡乱搅和脑子的倾向和嗜好，这可能不同于一般意义的书写欲望，但对我而言也是写作的动力。

二〇一一年五月的第一个周末，乔安·哈利法克斯在乌帕亚禅学中心举办了一个以道元禅师为主题的周末活动，庆祝棚桥一晃花费十年翻译的成果——《正法眼藏》两卷本终于出版。

亨利·休克曼（Henry Schukman）——一位作家朋友和同行老师，第一个发言。

他回忆起一九九〇年，在我家看到我在露台上跺着脚走来走去地朗读道元禅师的文字（我记得很清楚是在卧室）。"那之前我从没听过道元禅师的名字，当时听到的时候我简直说不出话。我的嘴僵在那里，感觉自己整个人都消失了。"

"所以你就是当时除约翰、艾迪、罗伯以外的第四位朋友？难怪我记不起你了，因为你当时已经进入了道元的世界，不在那个房间。"我说。这些年来亨利一直在写作、出版，同时也在研习禅学，参加一个接一个的禅修会，静坐，直到如今他的头都有些秃了。

彼得·列维特（Peter Levitt）接着发言。他是诗人，也是禅师。他说道元是"爱的导师"。听到道元禅师的名字和"爱"连到一起，真是让人开心，这也提醒了我们，道元的教化和理解是从他所有的毛孔透露出来的。

"我们应该成立一个乐队，就叫小道元。"我轻声说。

老实说，这些年来，读道元禅师的作品也会把人逼疯。因为阅读的时候，我们不一定有一颗打开的心，因此我是过度努力地想理解道元。于是当我们遇到类似于"山自性具足，便能持守，也能行走"这一类话的时候，简直懵到想撞墙。

我的老师片桐大忍禅师，也是《正法眼藏》译本献词中提到的三位日本禅师之一。他总是在星期三晚上和星期六早上的课上讲到道元禅师，有时候可以讲两个钟头。我们——他虔诚的学生们——从头到尾坚持在课堂上盘腿而坐、背部打直，但我们的脑子却在尖叫，对这位十三世纪的禅师生出一股强烈的反抗情绪，仿佛就是因为他我们才这么痛苦。

彼得提到道元禅师广博、包容、宽厚的思想，阅读道元是如何让他找到了自己。但是我也想到，阅读道元其实也让我们得以放过自己。第一次读道元的时候我就爱上了。"探索觉醒之道，便是探索自我。探索自我，便是忘记自我。忘记自我，便是要在万物中实现自我。"

我的学生米里亚姆·霍尔曾告诉我罗林斯乐队（Rollins Band）的主唱亨利·罗林斯说过的一句话。算是一个贴切的解释——恨一个人，就像把大便拉在自己手上然后吃下去。

这是一种直接的教导，我想。很生动、直接、真实。

轮到我发言的时候，我引用了这句话。台下一片沉默，于是我又重复了一遍，然后解释它让我想起道元教义的直接传达。所有人惊呆了。"噢，别那么胆小、教条了，禅修又不是路德教派在打坐。禅是外在的通达，也是内在的通达，它无处不在。你们不知道道元写了多少文字来讨论应该用多少卫生纸来擦屁股吗？……一小块正方形。"我说。

不论我们心中认为谁有多伟大，都不应该盲目、僵化。不论我们想些什么，思想永远无法完全直指目标、正中红心。红心是无。事物和事物之间没有绝对区别。我们就是山，我们就是水。

道元主题的周末，我朗读了一些他的文字，就像当时为朋友们朗读那样，让所有人感受道元的节奏。我让参加活动的人在纸上写下三四个寻常的短句，然后花七分钟将它们打乱，模仿道元使用语言的方式重写。"人们之所以依照固定模式说话，是因为他们觉得如果没有一个地方来依凭、安顿自己，就无法存在。"（道元语）如果我们可以打破文法的惯常结构，新的东西就会出现，新的能量就会释放，我们便可以寻得一个全新的空间来安放自己。

彼得猜想我会规定只能用四个单词，反复组合。但是在这个练习里，我让大家尝试用单字或者短句，或者两者皆可。

这是彼得选择的单词：孩子、花园、静默、音乐。以下是他的创造：

静默生长出音乐的花园

每个声音发出无声的旋律

静默孩子的内心深处

音乐从未停止流动

如果孩子听见她的花园

便是理解了静默的孩子

如果你理解静默的孩子

便是错过了她的音乐

一个孩子播种一个孩子，只有孩子才能

当个孩子。如果你认为一个花园不是

孩子，请再一次问问静默

如果你认为询问的时光不是音乐

静默的孩子会开始唱歌

音乐是静默的教导——

孩子的成长

哭泣的花园

阴影中静止的风

当你理解一个孩子，你便认出一座花园

当你理解一座花园，你便认出一个孩子

这是未被弹奏的音乐

这是音乐正在被演奏

棚桥一晃在精彩的译序中解释道，道元是日本人，他会用独特的方式翻译中文的禅道，有时候会延伸发展自己的思想，扩展原文含义。例如天童如净[1]有一句诗叫"梅花初春开"，但是道元的翻译是"梅花开初春"。你看出其中的差别了吗？道元语言中的动能和力量，以及他翻译的独特视角。

再比如我们惯常使用的词组"目前"（for the time being），我们会这么说"目前她还会继续吃燕麦片"。道元是如何理解关于药山惟俨[2]的一句诗呢？他说："目前站在高山上……"棚桥一晃告诉我们，道元发展出自己的想法，他认为时间也不过就是某种存在。你可以看出道元对语言多么认真。

那个周末结束时，我有些害羞地拿着两卷本的译作请棚桥一晃签名。我认识棚桥一晃很多年，但在那一刻，我感受到一种骄傲和感恩之情，他完成了一项伟大的工作，为此我感到谦卑。为了完美呈现道元禅师的思想，他必须里里外外打开自己，完全沉浸在道元的思想中以至于他与道元之间不再有隔阂。这就是爱。你与你为之献身的伟大事物合二为一。

他用一支特殊的黑笔写下："感谢你对这本书的贡献。"——这本书我也协助了一点点翻译工作——接着是"请享受属于你的顿悟！"。纯粹的道元。一旦觉醒，你便自由，不会再去分辨谁拥有觉知，谁没有觉知，你从每个人身上都能看到觉知。现在，棚桥一晃将这一份智慧传递给了你。

1　天童如净（1163—1228），南宋禅宗曹洞宗僧人。

2　惟俨（737—834），别号药山，唐代高僧，禅宗南宗青原系僧人，曹洞宗始祖之一。

格温：填补那道鸿沟

Gwen：Closing the Gap

格温跟着我学习十六年了，我们一起吃晚饭那天，她结束了所有化疗，病情也已经得到控制。

"我会活下去，我会活下去的。"晚餐桌上她一再地说，耸起肩膀。在这个国家，五十四岁还很年轻。

她兴高采烈，我也很开心——不仅是为她开心，也为自己可以见证一个人能够同时体验到死亡与生命失而复得的惊喜，这是一次深刻而完整的经历。

四周以后，肿瘤复发，癌细胞利用格温的生命力在她体内疯狂蔓延。

她给书写的朋友们发去一封邮件：

女士们：

首先，请让我表达我的感激，谢谢你们在生命中给予我的支持和友谊。最近六个月以来，你们的信、卡片和邮件对我而言是莫大的鼓舞。

可是我不得不告诉你们，昨天检查时医生在我体内发现了新肿瘤，六周以前查 CT 还没有，但现在它已经长得很大了。医生叫我停止工作，并建议采取保守疗法延缓病情，我知道自己在这片美丽的土地上存在的时日已经不多。

如果你们能为我祈祷一个平静、舒适的离去，我会很感激。

爱你们所有人。

格温·多琳

其中一位（她们都是我的学生）把邮件转寄给我。格温就是这样，我是她的老师，但相处中她总是对我有些害羞、犹豫。患癌的消息也是通过别人之口我才知道。后来我主动联络她，我们通过邮件通信聊天，讨论对死亡的看法。人有来世吗？冰冷地躺入坟墓是怎样的感觉，是否还会暗中窥视那些活着的人？不管怎样，格温渴望与这个世界保持一些联系。

我曾经去新墨西哥州的拉斯维加斯看她，她住在很远的农场上——我不得不开车穿越一条宽阔的河流，再开过一条左边是陡峭坡崖的狭长土路。我特意带了一条紫色头巾，可以绑在她的光头上。我三十出头的时候便习惯了光头——禅修中心的人都理光头，所以还好。事实上她看上去很美，但是这一切都发生在我们吃晚餐和病情缓解之前。

现在一切都不同了，没有缓解期了。邮件上我只写了两行字，告诉她我爱她，一直如此，每时每刻。此外，我还能做什么呢？

然后我就疯了。这次她会回信吗？用她那种惯常的退缩的口吻与我交流？她告诉过我，每次有事都很难向我启齿，她更喜欢和其他书写的朋友们交流。一整天——那天是星期四——我根本闲不下来，只想干点什么。我想杀死她的癌症，想把她从恶劣的状况里拉出来。我们可以去旅行、逃亡。我把后院里一棵去年夏天长得乱七八糟的树给砍了。当时是三月中旬，春天来得很早，一整个冬天几乎没有下雪。

那个星期四我去花圃预定了九株玫瑰苗，他们会帮我在花圃中保留、照顾六个星期，到了五月我再带回家移植。停车场外面的小店里有一个简洁的绿色陶瓷喂鸟池，虽然我不需要，但我还是买了。晚上八点，我在家里开始熬鸡汤，一直到半夜。然后我决定用新鲜香草烹饪米饭。黑暗中，我又跑到花园里挖细细的香葱。

我在做什么？为我们两个人而活得更努力，但一切都无济于事。因为我想帮的是她，不是我自己。当一个人将死的时候，你还能做什么？不管你抱怨还是煮饭、做菜都无能为力，你只能坐在那里任由生死发生。这是最难的。

人去世之前要跟什么道别？我看看四周，每个细节都看起来很重要。水泥地板上的黄色旧网球、墙壁、电灯开关、门、木柜、椅子、桌子、所有的书、所有的文字。每一个细节都那么重要。

格温是拉斯维加斯医院的急诊室医生，既敏捷又聪明。医院需要她。

"我不想离开罗宾。"她对我说这句话的时候，还有希望。罗宾是她第一位也是唯一一位女朋友，她们在一起十年了，两人共同开发一个一千二百公顷的农场，希望在那里办工作坊，帮助更多女性。

星期五早上，她的电子信件出现在我的电脑屏幕上：

娜塔莉：

如果你愿意，我希望在离世前见你一面。我还在做化疗，希望能让这段时间好过一些，但医生说这不会延缓病情，否则罗宾和我就会每天都来做化疗了。

感谢你一直都在。

格温·多琳

我立刻回邮件：哪天见？
很快，回信弹了出来：

下周吧。化疗之后的星期四总是最糟糕的一天。

格温·多琳

我在课上常常谈论死亡，其实我对死亡一无所知。我不知道一个人怎么死亡，在什么年纪、什么情况下死亡，死亡来临的时候会发生什么？我一无所知，也许这样也不错。

除了一点：我知道何时应该闭嘴。真的，我想低语、哭喊、尖叫、哀号、恳求，请别死！好像人可以选择似的。没人可以选，每个人都会死——某个时刻，最终。没有人逃得了。

看看四周：花会枯萎，树叶会掉，狗死于车轮，老鼠死于猫爪。我们的祖父、曾祖母、林肯、华盛顿、哈莉特·塔布曼[1]，他们都死了；连汽车也会报废。坐着五月花号轮船登陆美洲的人，第一次世界大战的幸存者，全都死了。然而我们还是不信，我们觉得自己与众不同，总以为死亡不会发生在自己身上。

在我修行的早期，曾读到一个让我印象深刻的禅宗故事：

几百年前的东方曾经有过一段动荡时期，盗贼、军队、土匪横行肆虐。在一片深山中坐落着一座寺庙，很多初学者在那里跟随一位高僧学习。

有消息说匪兵正往寺庙来，众僧人惊慌失措，往四周山林逃去。不久匪兵抵达，踢开寺中一扇扇门，却发现空无一人，怒不可遏，恨不能烧杀抢掠。

这时，匪兵头子在偏僻处找到一条走廊，顺着走廊寻到一间房，里面有位僧人正在安静地打坐，研读经书。

匪兵头子站到僧人前面。僧人抬头："有何事吗？"

匪兵头子高举手中的剑："用这把剑，我可以直接戳穿你。"

僧人冷静答道："是的，我可以被一剑戳穿。"

听到这话，匪兵头子鞠躬，收起剑，离开房间。

高僧的不为所动让我震惊，这就是拯救自我的方式，在死亡面前保持尊严（当时的我还很年轻）。

几年以后我听到一个类似的故事，这次是另一位僧人——中国的岩头全豁，他确实被一剑戳穿。据说他喊得很大

---

1 哈莉特·塔布曼（Harriet Tubman，1822—1913），美国废奴主义者和女权主义者，杰出的黑人废奴主义运动家。

声，四十八千米外都能听到他的声音。最终他还是死了，身心对死亡的理解并不能拯救他。也许他从未想过得救。也许真正了解死亡，你就会明白没有救赎一说，死亡只是生命的额度全部用完而已。

我计划着，这次去拉斯维加斯探望格温，不抱有太多幻想，不承载太多希望。这样才公平。

后来我又收到一封邮件：

即将揭开死亡的面纱，我感到焦虑起来，觉得自己从未给这个世界带来什么。黛比给我写了一封电子邮件，回忆起我们的友谊，告诉我与我的相识给她带来的帮助和改变。我把那封信打印出来，请罗宾在我离开的时候念给我听。我在想，能否请你们为我也写这样一封信，当我前往另一个世界的时候能获得鼓舞与勇气，让我知道自己这一生确实做过一些有益之事。谢谢你们。

格温·多琳

我的日本禅师临终之时，收到来自全国各地的邮件，告诉他他有多重要，曾如何帮助了他们。

他的妻子大声念给他听。

他躺在白色床单上，转头对她说："我不觉得自己做了很多事，但或许有一点点。"

在我们以为自己是谁，和我们真正是谁之间，存在一条鸿沟，觉醒的意义就是填补这条鸿沟。那些信件帮助了片桐大忍禅师。当然，他充满觉知的智慧，但在脆弱的时刻，我们都需要彼此的支持。现在格温到了临终时刻，渴求的也是这样的支持。

越南佛教禅师释一行曾去拜访一位临终好友，他站在床角，握住朋友的脚说："记得我们曾经在第五大道一起为和平奔走呼号吗？"他为朋友唤起美好过往的细节，正是那些共同的回忆肯定了友人的人生。

接到格温的请求不久之后，一次晚上的演讲上，乔安·萨瑟兰德朗读了一首临终诗。这首诗来自格蕾丝·施瑞森（Grace Schireson）的《女僧人》（*Zen Women*）：

六十六岁这年秋天，我已经活了很久——
雪白月光照在我脸上
无须再讨论公案的原则
尽管去听那屋外越过松柏的风

——了然

临终的话：花开了
全心全意地
在美好的樱花村

——莲月

在禅宗里，写临终诗是一种传统，是接近最大神秘经验之前的时刻。许多高僧的临终诗都被结集出版，我也经常翻阅它们，寻找启发，但是我意识到它们都是男性的作品。潜意识里，我从未想过自己写一首。

但是现在，我立即想到，我会写什么呢？接着又告诉自己：算了吧，我的时刻反正很快就要到了。

格温会写什么呢？

我将这些诗寄给她。她回信说谢谢我。

我计划在她做完第一次"保守姑息式化疗"的星期二开车去看她。我们不知道她还有多少时间，她希望能撑到五月一日，罗宾的五十岁生日。

开车行驶在漫长、广阔的乡村景色中，我的心情平静，心想或许这是我最后一次见她。不管她已经到了什么地步，我都准备好了。

下车，我走进长廊，穿过厨房来到客厅。她盘腿坐在沙发上，笑容满面。"娜塔莉，我一整个早上都在书写。"

我坐在她身边，完全没料到她的状态如此之好。

她告诉我她和南希都在写书，每天早上通过电子邮件互相汇报进度。她告诉我自己正在写的书，讲述了她和罗宾是如何来到这片土地并且定居下来的。当地的历史可以追溯到一八〇〇年，如今格温和罗宾生活的农庄上，曾经住着一位原住民母亲与她的十三个孩子。

"他们的墓就在后面，我也会被埋葬在那里。"

"格温，你现在充满活力。"

"是因为书写，以及化疗多少减缓了癌细胞扩散。你说过我们要一直写到生命终结，这是我们的承诺。你记得自己说过这句话吧？"

（是的，我说过这句话以示书写的决心，但是从未期待看到这句话在我眼前被实践。）

我需要一点时间适应这种新状况。"所以你这阵子写了很多？"我停顿一下，"当然，当我们专注书写的时候，既不是活着，也不是死亡，我们是永生的。"

"没错，就是这种感觉。"她不住地点头。我注意到咖啡桌上有一沓文稿。

我抬起下巴朝着那一叠稿件："念给我听吧。"

认识这么多年，我很少听到她的作品。格温很害羞，不喜欢在班上朗读自己的作品。大部分的时候学生互相朗读，我从不干预。他们学会了不必寻求我的肯定或否定，从一开始他们就要依靠自己或者彼此。但我知道每个人都喜欢被倾听，于是我说："开始吧，从头开始读。"

"真的吗？"她拿起文稿读起序言的部分，故事在两个时空之间来回穿梭，一边是这片土地的原定居者——属于伊格那西塔族（Ignacita）的一家人，另一边是她与罗宾在二十一世纪的拓荒。

我们搬来这里的时候正值盛冬。烈风在峡谷中呼啸，杨树的枯枝点缀着青铜色天空。伊格那西塔的母亲依靠燃烧杉木来取暖，我们用同样的方法温暖她最后一个孩子住过的房子。冷到骨头里了。

她很矮，褐色皮肤，美洲原住民和西班牙人的混血，伊格那西塔族人；我比她高、比她白，我的卷发代表了我祖先的血脉。

伊格那西塔的母亲不会阅读和书写。我是医生，也是诗人。

她有一头黑发，我有一头褐发。最后它们都将变成白发。

她说西班牙语。我说英语。

她必须不停战斗才能保住这片土地，我则花费了大半辈子才找到它。

她结了婚，有十三个孩子；我没有孩子，甚至无法与我的伴侣合法结婚。

她每周去仪典台旁边的长方形水池洗衣服，我把脏衣服带进城洗。

我骑马是为了开心，她用它们来干活。

她吃自己种的玉米、豆子和瓜，我是死忠的肉食者。

我穿裤子，她穿裙子。

她养的一千九百头羊把土地都啃荒了，引发水土问题；如今我在这里努力改善。

丈夫牧羊，她待在家里。我驱车四十三千米去急诊室用各种她从未见过的医疗科技手段救人性命，但它们救不了我们。

我将被埋葬在洒满先人汗水的小山丘，伊格那西塔人长眠在教堂的地下。

她已经死了，我还活着。

没有人知道我们的故事。

"我的老天爷啊！"我说（情不自禁，说话有些粗野了），"你从哪里学会这样写的？"

她咯咯笑了，很开心。

"再读给我听一些。"我说。

雨斜斜下着。水从屋檐渗入，沿着石墙流下，大雨似乎要把整间小屋冲开、化掉。从雷曼兄弟非电器产品目录中购买的油灯发出微弱的光，雨水敲打在铁皮屋顶，发出震耳欲聋的喧响，我和罗宾面面相觑：这两位二十一世纪的女医生如何能够过着一八八七年的生活？

有时候你必须后退才能前进。就像弹弓，越往后拉，放手时才弹得越远。罗宾和我后退得足够远，因此我们其实就活在未来里了。

我十岁的时候就爱上了沙漠，暑假期间会从路易斯安那州潮湿的沼泽徒步到人口稠密的加利福尼亚州叔叔的家里，我喜欢干燥的热风。我走进塔特尔溪旁边一个孤零零的露营地，惊奇地发现一个世纪前被拓荒者抛弃的小木屋，既没有腐烂，也没有被植物掩埋。我看到巨柱仙人掌爬上落基山脉，随后渐渐稀疏，直至被约书亚树覆盖。我看到另一种生活方式。

四十二岁时我搬到新墨西哥州。二月份，急诊室不忙的时候，我穿着背心和短裤徒步旅行。干燥的沙子洗刷着贝壳化石，牛群吃草的地方被人踏出一条小路，通往被狂风肆虐的山脊和鞍部。布罗德峡谷的寂静带给人心灵的慰藉。我整天待在峡谷红壁的凹隙里，听燕尾蝶扇动着它们巨大的黄色翅膀，蜂鸟从开满红花的蜡烛木上飞到我眼前，好奇地打量着我。我在布罗德峡谷观赏岩画，分析环尾浣熊窝里的骨头，花好几个月回忆自己是谁。

坐在峡谷阴影里的阴凉石头上，我忽然想到可以买下一片荒地，就像布罗德峡谷这样的地方，用于帮助更多女性。在荒野世界中，通过修行寻找内心深处的自己。

搬来新墨西哥州的第一个夏天，我参加了一个同事聚会，聚会上身材高大的急诊室护士到场仅仅五分钟便脱下衬衫，穿着胸罩暴露在沙漠的阳光下。我站在远离人群的泳池边。这时我遇见了罗宾——个子高高的儿科医生，温柔的双手，长长的卷发。她走过来与我聊天，因为看到我孤身一人。罗宾和她的搭档，另一个急诊室医生一起来的。我们聊起聚会上同事们令人震惊的种种行为。后来当男人们开始把穿着整齐的女人扔进泳池时，我和罗宾一起离开了。

我记得我们在沙堤边聊着马散步。那时候我刚上骑马课，而罗宾从八岁起就开始骑马了，我们俩都觉得和马在一起比和人在一起更自在。

她念了一个小时，我一直听着。

罗宾回家了。她在网上搜索学习如何制作简单的棺木，然后开车一个半小时去了圣菲的材料行购买材料。

结账的时候，年轻男孩愉快地问："看起来您要建造什么东西吗？"

"一口棺材。"罗宾想都没想就说出口。

男孩脸色煞白，眼睛低垂，算账的时候再也没有抬起来。

宽阔的窗台上，格温一一指着她为自己挑选的陪葬物品：一只破旧的绒毛熊猫玩具，那是她在路易斯安那州的童年伙伴；我送给她的紫色头巾；玛丽·奥利弗（Mary Oliver）的诗集；特丽·坦皮斯特·威廉斯（Terry Tempest Williams）的《飞跃》（Leap）；她的"提卡尔医师"（Dr. Teekell）医生名牌，她打算把它别在睡衣上面，还有一个证明她是美国急诊医师学会（American College of Emergency Physicians）成员的别针；她的郊狼毛镶边的皮革飞行员帽；她为自己的书所写的序言和她的手杖。

死亡变成日常的事实，没什么可避讳的。

"我们什么都讨论好了。"罗宾想继续住在农庄上，就算是独自一人。

"我告诉她，我希望她能再次遇到爱情。"她对罗宾微笑，"只要我永远是她心里的第一。"

我待了三小时，甚至跟格温一起喝了可乐，她很高兴我的加入。她的冰箱里有一整箱可乐。

"请再来看我。"

我答应她会再来，走的时候我感觉兴致高昂。多美好的探访啊。回程的路上我开车过河，随着影子逐渐拉长才回过神来：她要死了。当她被放入那口不错的棺材里时，她已经走了，再也不会回来。我想象着罗宾一个人住在农庄里的漫长时光，觉得很累，胸口很紧。

汽车在土路上前行，我停车下来，打开路上被人放下的栅栏，想起当初在梅布尔·道奇·卢汉之家举办的第二期止语书写营。那一周的课程临近结束时，所有人的状态都很棒，我们拼车前往忏悔峡谷游览，沿着土路开车进公园，步行到忏悔者教堂莫拉达[1]。这个教派早已被禁止。这里位于广阔的普韦布洛原住民保留区的一块小湾内，一条很窄的小路，两旁生长着鼠尾草、龙柏和矮松。小路的尽头各处立着五米高的木质十字架，以前的修道士们都是背着十字架苦修的。往北你可以看到整个陶斯山，对于坐落在山脚下的普韦布洛人而言，它被视为圣山。往西南的方向，你可以看到新墨西哥州阿比丘一百六十千米

---

[1] 忏悔者教堂莫拉达（Penitente Morada），初建于十八世纪，最近经过修复，位于新墨西哥州阿比丘一条蜿蜒的土路上，该地区拥有丰富的文化、宗教和艺术历史。

以外平顶的佩德尔山（Pedernal）。画家乔治娅·欧姬芙和上帝做过一笔"交易"——只要她画这座山足够多，这座山就属于她。而今她的骨灰就在山顶。

车子停好之后，我们到忏悔者教堂莫拉达集合。我掀开覆盖在砖块上的黑色塑料布，向他们解释这些土坯。"每块砖大概有十八千克重，把泥土、水、沙子和稻草混合到一起，然后倒进长方形的模具里，在阳光下晒干——这里光线很足——然后制成耐用的泥砖。"

我们开始慢慢地从莫拉达的一个黑色十字架走到另一个破损的白色十字架。半小时的漫步中，我时不时摇铃暂停，我们停下来，手臂垂放两侧，呼吸三次，提醒自己放慢往前推进的念头，因为它们会忽然"咬住"远处的十字架当作目标，逼迫身体前行。我们要时刻记住回归那个一步接一步的专注中。

抵达目的地以后，我指着远处那一排横越过陶斯山生长的暗色树林，向所有人介绍："一直连到蓝湖，那里是特瓦族[1]的圣地，他们不允许部落以外的人上山。一百五十年来，美国林务局控制着这片土地，让白人狩猎和捕鱼。后来尼克松签约把土地还给了普韦布洛人。他们爱尼克松。"

有时候我指向西边圆形、宽阔的圣安东尼奥山（San Antonio Mountain），那里有成群的麋鹿在漫步；有时候我指着一棵枝干散乱的榆树——那是附近唯一高大的树木，开玩笑地对大家说："'香蕉玫瑰'便是在那棵树上结出来的。"其实

---

1 特瓦族（Tewa），新墨西哥州和亚利桑那州特瓦族印第安人。

指的是一九九五年出版的我的同名小说（*Banana Rose*）。

但是在那一期的书写营里，我不记得自己有说到这么多，因为天很快就黑了。教学中我经常会提议一些事先没有计划的冲动行为，比如临时起意地对所有人说："让我们走到十字架那里去吧。"没有考虑时间，没有叫任何人带手电筒，村子里没有电——普韦布洛人依旧保持着原有的生活形态，甚至远处连一点点光线也没有。所有人都静止不动，我们知道回不去了。

我现在想起来，格温也在那次慢走的队伍中。她靠过来，小声说："今晚是满月，一个小时内月亮就会升起来。"这就是格温，她懂得各种知识、细节和应对的办法。

于是我振作起来，转身对大家说："我们就站在这里，等待月亮升起。"我回头看格温，她指着陶斯山的东方，那边有个突起的小山丘，说："就在那边。"

我们站成一排，手臂垂在两侧，谁也没有动，仰头足足等了四十分钟。你是否曾经在绝对的黑暗中等待光的降临？那是一段很长的时间。我们怀着充分的耐心，仿佛站在永恒之中，时间到了，月亮自然会升起。我这个笨手笨脚的老师，依赖着格温的知识，慢慢地，慢慢地看到这座山微微发起光，像弥漫着一层柔柔的水雾。我们看着它越来越亮，光线不断扩散，不急不缓。

然后，忽然之间，啪！雪白的球体升了起来，照彻整个山体。与此同时，土狼开始嚎叫，击鼓声响彻普韦布洛村。我们转身，道路也被月光照亮，我们在月光下走回家。

就在这次旅程的十年后，二〇一一年六月二十三日，格温告别这个世界。

　　去世的前一周，贝丝·霍华德从怀俄明州的夏安开车去看望格温。（在西部，我们经常走很远的路去探望朋友。）贝丝离开的时候，格温靠在她的胳膊肘上，说："现在我只想给你两个建议。第一，"说着她弯起一根手指，"抓住每一分钟，你完全不知道自己能活多久。"

　　"第二，如果想做什么事情，现在就去做，不要等。我本以为自己要到退休才会开始写作，但是当我听到诊断结果那一刻才意识到，原来我这一生真正想做的只有写作。"

蓝色椅子：书写的纹理

　　我在纸的中间画下一把大椅子，是那种你想安安稳稳坐进去，写下一个爱情故事的椅子，故事里有浪漫刺激的性爱场景，比如在公共汽车后座，在空巷的垃圾桶后，在病重母亲隔壁的房间。或者冬天的每一个早晨，你坐在这把椅子上，看着窗外纷纷大雪，喝着红茶，吃一个粉红色杯子蛋糕抵御寒冷，就是要任性地跟自己的健康过不去。也许你会把双腿悬在椅子巨大的扶手上，吹起口哨或哼几句爱尔兰民谣。总而言之，这是一把相当不错的椅子，它几乎占满整张纸的版面。

　　现在我拿起颜料，开始上色。我用的是水粉，不像水彩那么透明，水彩会让光线透过颜色照到纸上，而水粉画出来的颜色是不透明的。我有块状的颜料，也有用管装的颜料。先从青绿色开始，但光是青绿色看起来有些单薄，于是我用画笔蘸上红色，重重地加在椅子的各处，因为底部已经铺上青绿色，所以涂完后椅子没有变成红色。接下来我又试了绿色，然后是天蓝色，然后大跨一步，上了明艳的粉红色。我又挤出一些紫红色的颜料，在画笔上加水，在瓶瓶罐罐之间忙碌着。除了搞得一团糟外，我到底在忙活什么？一层一层往上叠加，直到这把椅子发出猫一样的呼噜呼噜声，看上去有了丝绒的材质。它现在是什么颜色？算绿色、蓝色还是紫色？都有，但不是整片整片的，而是比较像你看一件东西看久以后的样子。一种颜色其实是由很多种颜色组成的，就算是我的黑色椅子也是如此。我转过头，它就在书桌旁边。现在是早上七点，隔壁建筑的玻璃窗反射进来的光在它的表面打上了一束淡淡的黄晕。图画里的椅子——不管它是什么颜色——在纸上活了过来，郁郁葱葱，充满光泽，召唤着你。是色彩的纹理让它活了起来。

现在我该画什么？我画上了带有花纹的墙纸作为背景，画面的右侧加上一盆虎尾兰，上方加上一个鸟笼，里面有三只鸟，其中一只站在秋千上。我还想画更多的鸟，于是又在椅子后面的地板上画了两只朝着不同方向逃出牢笼的鸟。我在画面里加了些线条，于是地板变成了木质的。现在我要把一些书胡乱堆在椅腿旁边——这是一幅和文学有关的画。海明威、麦卡勒斯、茨维格、鲍德温——这些名字被我用黑色墨水写在书脊上。

二〇一一年是《写出我心：普通人如何通过写作表达自己》出版的第二十五年，它是我的第一本书。椅子右前方，我画了一本翻开的笔记本，上面的字迹难以看清，但是你可以看到当前这一章的标题"人吃车"。每隔几行可以辨识出一些字：行走、饥饿、你、写作、片桐大忍禅师。我正是坐在这把椅子上写出了第一本书，这幅画是我对这本书的秘密致敬。我在画面左边地板上加了一杯热巧克力，一个用银色纸杯包装的粉红色蛋糕——上面有一颗红色樱桃。

大部分东西——笔记本、书、杯子、鸟笼、杯子蛋糕，都只上了一层颜色：黄的、绿的；鸟笼是深蓝色的，用的是颜料盒里很旧的一个色块；壁纸的红花则是中间有一点红，花瓣是深黄色的。我给花瓣上的都是原色，一两笔就涂好了，不像椅子上那么多层颜色。椅子是视觉的中心，它有质量，存在感很强，有厚重的维度，它是故事的核心。它周围的细节具有迷人的容貌和易逝的性质，就像回忆录里的细节之于整体的结构。椅子就是结构，是驱动力所在，是所有事情会发生的原因。

我为什么要告诉你这些？经过一段时间的学习，你会领会纹理的奥秘，知道如何让你的书写变得丰富和富有层次，你几乎可以感觉到它们丝绒般的质地。你的文字成了有知觉的东西，就像窗外的风，红色的日子，屋顶沥青散发出的甜美微酸的气息。

一个学生告诉我："我书写了十分钟，然后对自己说'你知道吗？真不错，你应该好好发展它'。一旦说完，完蛋，我所有的写作热情都没有了。"

我问："如果抛开'发展'两个字，而是对自己说，我应该继续往上加一些细节、色彩和层次呢？"

她连连点头："对，对！"

"发展"这个词在学校的作文课上被过度使用，也卡住了我们的脑子。

上一个星期，我的学生雷恩写到她开车离开犹他州的一个小镇时看到了飞碟。如果她直接使用"飞碟"一词，我们肯定不会当回事。对啊，对啊，我妈妈还有翅膀咧（作家可是非常擅长冷嘲热讽的）。但她没有这么写。她缓慢地描述眼前展开的景色，像用画笔一笔一笔刷上去：低矮的山丘，厚重的云层，远处有什么东西在发光。而且一开头她就写："我知道它发生了。"发生什么了？我们在等待答案。她的朋友也坐在车里，手里拿着一罐可乐。这罐可乐是个突出之物，与整幅画面的阴影、层次，以及远处发生却无法确定的事情形成对比。她的朋友不清楚那是什么，但是她知道。她从来没有提到"飞碟"这个词。无须提及，我们都能感觉到它在升起，难以名状，无法解释。我们紧紧抓住那罐可乐，在神秘而惊骇的氛围中，它是我们唯一熟悉的东西。

当雷恩朗读这篇文章时，我们可以感觉到她从小长大的家乡内布拉斯加州。她就像一个牧场主或者农民，对那片土地上的气息以及预感到的氛围看似轻描淡写，实际却有着极为敏锐的把握。我们可以感知到她童年的寂寞、失望和怀疑，就像是远处小山后面慢慢出现的东西，一点点地让我们察觉到它的存在。这个女孩来自内布拉斯加州，那里是植树节产生的地方，她有一位冷漠的母亲。此刻在丹佛的郊外，她倾身向前，靠在汽车的仪表板上进入了另一个世界。这幅画面道出了一切。

有时候你以为故事已结束，可是下一笔落下去，更深的东西才呈现出来。我的学生格温去世了，本来我以为一切已经结束。可是星期三晚些时候，她的伴侣罗宾进城办点事情，顺便过来看我。格温去世以后，罗宾在那片一千二百公顷土地上独自生活了两个月，我这辈子从没有在一张俊美的脸上见过如此深的悲伤。但是我们不谈这些。她和格温在农场弄了两个鸡舍，一个喂养母鸡，另一个喂养小鸡，小鸡已经长到了大约有成鸡的四分之三大小。两天前，罗宾换好衣服准备去拉斯维加斯的儿科医院值班，离开前去鸡舍查看，打开门发现有三十四只小鸡被扯掉了脑袋，胸口被撕开，到处都是血和羽毛。唯一存活下来的小鸡踩着同伴的尸体，在鸡舍外尖叫。

穿着医院制服的罗宾吓坏了，她抓起小鸡放进另一个鸡舍，希望它可以幸存下来。接着她坐上自己的皮卡车。上班已经迟到，今天还有许多预约的病人，但她仍然将车转了个弯，想看看到底是谁干出这种事。她看到鸡舍外的墙上有一些熊爪印，小窗的金属栅栏被扯得都变了形。夏天持续干旱，这些熊急于在冬眠之前寻找食物。整个州的动物控制中心的电话一直响个不停，请他们去抓熊。

罗宾上网搜索，发现熊会吃鸡的肝脏和头。那天晚上她用铲子挖了个深坑，把三十四只鸡的尸体埋了进去。邻居叫她去弄把猎枪。"一旦进来过，它们就会再来。"

"我从一九九七年就开始吃素，难道现在要开始猎熊了？"她喝着薄荷茶对我说。

十天之后，我收到一封来自罗宾的电子邮件：上周这个可恶的家伙又来了，爬上水箱，穿过屋顶，滑下门廊，打破一扇窗户杀了很多母鸡，只留下八只活口，唯一幸存的那只小鸡也死了。第二天晚上它又来大开杀戒，留下一只吓得半死的活口。罗宾把它带到一个在莫拉的朋友家。就连附近的流浪猫也被熊杀得只剩下一只。从那以后熊每天晚上都会来。"我现在每晚都睡在皮卡车里，抱着猎枪，只希望这一切赶快结束。"

截至目前，她还没亲身遇到这只熊。

邮件的下一段，她与我分享了当地出版商建议的副标题，那是格温在去世前三个月完成的书，取名叫《冬季岁月》（*The Winter Years*）。罗宾跟我喝茶的时候曾告诉我，格温一直计划写作这本书，挣扎了很多年，直到听说自己命不久矣，才放下所有顾虑，直接动笔。

"噢，格温，"我抬头看着天花板，"我从未像此刻这样想你，我多么想亲口告诉你，你完成了我教你的东西。就三个月时间——动笔！"

罗宾和我都笑了，这件事的意义其实更加深远，但我没有说得更多。出口的话就那些，但就像最后一颗石子落入水中，她去世了，但涟漪久久都在，亦将一直丰沛地持续下去。

书写，不是一个人的孤独

Cannot Write This Alone

星期一的晚上我开车穿过城市，经过阿拉米达街，在帕西奥路左转。不是很快的转弯，因为我前面的灰色汽车熄火了。我不得不等上一个绿色左转灯，然后是一个绿灯，再等一个漫长的红灯。到了帕西奥路，我继续往前开着，不明白我为什么一定要参加这个书写小组。虽然是成员之一，但我从来没有参加过，因为忙于写一本书，不想让脑子被其他事情干扰。我需要写作的方向、章节和想法，但是过去两周以来，我发现书房里已经多了四种巧克力、两个巧克力卷，一整排书架上几乎都是我的甜点。

我的书房包括：一把我住在陶斯平顶山的时候用的旧椅子，一张桌子，还有铺了白色瓷砖的厕所。墙壁上挂着一幅我画的明尼阿波利斯风景画，一九八〇年在我的第一次个人艺术展上以五十美元卖出，二〇一〇年我花了五百美元买了回来。

此外还有一幅温迪·约翰逊的水彩画，画这幅画的时候她还是年轻的禅习生，在加利福尼亚州修行。房间里的另一幅画来自我在华盛顿的学生安德鲁·哈德森，画上是佛陀、飞机和一只猫。除这些以外就是一堆书了，破旧的《伤心咖啡馆之歌》（*The Ballad of the Sad Café*），一本硕大的词典——父母第一次到陶斯看望我的时候花二十五美元买的。当时他们说，给你买点东西吧，我说我需要一本字典。

"一本字典？"父亲露出难以置信的表情，就像听到五年级的我想要一个显微镜，六年级的我想要一套化学仪器时的表情一样。

我还有笔，一整盒的笔，地上还有一张瑜伽垫，后腰很紧张的时候我会在上面做做拉伸。

尽管如此，最近一周半的时间里我都不想待在那儿。我知道抵触的滋味是什么，就算你很想做一件事，比如完成这份手稿，但就在你准备开始的时候，一堵水泥墙竖了起来，手臂忽然变得沉重，眼睛累得不行，然后你问自己：这就是我宝贵的一生要做的事情？一本接着一本地写？我很熟悉这种情绪，也知道怎么把阻力转化成纸页上的动力，但这次不是抵触，而是面对冰冷的房间、白色的墙壁，我无话可写，也没有遭遇什么"瓶颈"。我不相信这个，我相信的是拿起笔，动笔写就是了。

我知道一切不关书房的事，我可以去图书馆或者咖啡馆写作。进入七月，白昼越来越长，文字背后积淀的东西越来越多，我依旧没有写出任何东西。上个星期三我去禅修中心听一场讲座，大部分时间都在打哈欠并且坐立难安。最后结束的时候，演讲人引用了《铁笛》[1]这本书里的第三十六条公案：你死了以后，我要去哪里找你？听到这句话，我的身体一惊。我理解了整条公案，那个简短的禅宗故事。"梅枝朝南，梅枝朝北。"一道巨大的裂缝打开。当他们摇铃，向祭坛鞠躬时，我站起来径直走出门，没有和任何人打招呼，走回了家。

第二天我去了科罗拉多州。在经过圣路易斯（St. Louis），但还没有到落基山脉的漫长路途上，我想起四十年前和丈夫开车来过这里，晚上我们睡在路边杨树底下的睡袋里。我感觉到这些年的流逝，但愿我们的婚姻还维持着，这样便能认识到三十、四十、五十岁的彼此了。

整个周末我都处于一种恍惚之中：当时与现在，过去与当下。周末其实过得不错，我在落基山脉爬山，在高级餐厅吃昂贵的羊排，在阿斯本音乐节（Aspen Music Festival）上听一位二十五岁的年轻韩国小提琴家演奏亚伦·科普兰（Aaron Copland）的作品，感觉自己就在那把小提琴上，被琴弦一次次划开。但是当我今天从家里醒来，仍旧觉得孤独。无法用语言形容，就像脑子里有个蜜蜂窝，胃里夹了一颗坚硬的坚果，我知道一切都没有改变。我还是不能走进书房投入书写，不管去哪里或者设计什么样的诱惑（当然，我可以这么做，毕竟有三十五年的写作经验），我知道自己必须直面问题，犹在冷风中，既无法转身也无法退缩（学禅的人将之称为"把蛇放进竹

1　《铁笛》(*The Iron Flute*)，禅宗公案集，由十八世纪日本禅师编写，后人给这部作品加上注解。

筒里"）。

于是我开车去了朋友们聚会书写的地方，暮色仍旧明亮，一百五十天里这里只下过两小时的雨，野火在高高的黄松树枝上噼里啪啦燃烧着。开车的时候，我听着亚伯拉罕·维基斯（Abraham Verghese）的小说《斯通，与另一个斯通》（*Cutting for Stone*）。我认识他的时候还是十年前，当时他住在休斯敦，我与他通信讨论他的第一本书，内容是关于田纳西州的艾滋病的。我们互相写信，他还到我的课堂参观过。后来我们失去了联系。当富有异国色彩的埃塞俄比亚故事在耳边徐徐展开时，我忍不住想，亚伯拉罕，当初认识你的时候，我并不知道你心中有这样一个美妙的故事呀。我为他感到骄傲，不禁想：现在我还能找到你并且告诉你这一切吗？

我把车停在寻常的街道上，"砰"地关上车门，下车走到人行道上。对面的本田车旁边站着我的三位好友，我没有多说话，只是走过去亲昵地捏了捏她们的孙女。我们一起走进屋子，低矮的咖啡桌上放着一杯水、牛顿牌无花果馅的饼干和米果。我看到盘子里装着许多块巧克力，但是我没有拿。

我希望当自己在写作的时候，她们也在书写，因为我无法只依靠自己。空虚，但不是那种丰富的空虚，可以为你带来书写灵感和其他可能的空虚。它是你丢下一颗炸弹以后感觉到的空虚——你是唯一剩下的人，没有人可以交谈。食物被污染了，水的污染更糟糕，但没有人说话才是最糟糕的。

在我生命初始的十八年里，我渴望着母亲，却从未拥有过她，甚至很少和她说话。置身于这个写作小组中，我忽然想起今天是她的生日。如果在世的话，她九十五岁了。我的母亲三年前去世。今天也是纳尔逊·曼德拉[1]的生日。太阳转了一圈，地球转了一圈，两个人，一个对这个世界很重要，一个对我整个童年很重要，在同一天诞生。就是这样，我怀着虚无，因此无法写作。这种虚无的尽头被人们称作秘密之地，它关乎我们从何处来，又将往何处去。

　　人们说艺术很重要。但是和一块奶酪三明治、帮别人过马路或者当你靠近一幢巨大的建筑物感受到的阴影这类事物相比，艺术似乎没有那么重要。什么才是重要的呢？也许是这些安静的人弯腰伏在笔记本上，静默地将文字倾倒在纸页上，也许文字是重要的。也许多年前我会想和母亲说说话，分享在伯克先生的化学课上做的化学实验，我会告诉她水怎么蒸发，怎么在玻璃上结成雾气，最终怎么又变成了水。我想告诉她五年级的时候，伯克先生对我有多么重要。我想跟你说说，妈妈，横纹格的纸搁在小橡木桌上，我的长腿蜷在桌下的感觉是什么。妈妈，我有两只手，我用拇指和其他指头握住笔。我想告诉你这一切。

1　纳尔逊·曼德拉（Nelson Mandela，1918—2013），南非前总统。

结语

Epilogue

佛陀知道自己即将离世的时候，已经八十岁了。他渴望再度好好地看一看毗舍离[1]，那里有许多美丽的寺庙。他和弟子阿难[2]在这最后一趟旅途中慢慢行走，一路冥想，维持着正念、平和，不伤害任何事物。能量在这一路的行走中积蓄，创造出更多的时间与空间，所以尽管佛陀已然临终，却一点也不着急。他还有时间享受空气、阳光、身旁的树木、鸟儿的啼叫，还有老朋友阿难的陪伴。

在毗舍离城外，他修隐了两周，决定在三个月内离世。他出关将这个决定告诉阿难，然后来到山丘上远望毗舍离城，再也没有踏入其中一步。佛经上说，当他扶着阿难最后一次看着毗舍离时，"眼如象后"，随即转身踏上归西的行程。

我一直被这一刻的景象震撼。想象那种庞然和重量，一头灰色巨象，且是象后。想象那种属于女性的庄严而殊圣的灵

---

1 毗舍离（Vaishali），佛教圣地，位于今天印度比哈尔邦首府巴特那的北边。
2 阿难尊者，佛陀十大弟子之一。

性，觉知生死轮回。这个人，这个觉醒者，在存在的凄惶之美与永恒的无常定律之间，他了然没有什么是永恒的，没有什么可以永久控制。注视着所爱的城市，知晓并接受自己的死亡，转身离去，道别。

> 一切因缘和合法，必定败坏，大家应自精勤，不要放逸。
>
> ——佛陀临终之言

另一个我一直藏在心头的故事，是关于法国作家科莱特[1]的。她五十二岁的时候遇到第三任丈夫莫里斯·古德克特（Maurice Goudeket），一个比她小十七岁的犹太男人。十年以后她嫁给了他。

莫里斯十六岁的时候，有一天从学校回家吃午饭，对母亲说："今天我知道了一位叫作科莱特的女作家，有一天我会娶她。"

举一个例子你就知道法国人有多热爱她：科莱特八十多岁的时候，一天晚上当她从小剧院出来，被小偷偷走了钱夹。第二天这件事情见报，很快她的钱夹就被归还，所有钱都在，里面夹着一张纸条：抱歉不知道是您的钱夹。你看，就算是小偷也爱她。

第二次世界大战时期，纳粹占领巴黎，犹太人遭遇大屠杀，莫里斯被抓走了。科莱特去维希政府求情，恳请释放自己的丈夫。他们不知道他人在何方，也不知道他是否已经被驱逐

1　西多妮-加布里埃尔·科莱特（Sidonie-Gabrielle Colette，1873—1954），法国女作家。

出境，只能尽力试试看还能做些什么。

她回到家，在靠前门的窗边，坐在椅子上，手握住笔，纸就放在腿上，在充满不确定和恐惧的艰难岁月里写下了《吉吉》(*Gigi*)，一个年轻法国女孩迷人的成长故事，后来被搬上百老汇舞台并被好莱坞改编成电影。

这是对人类想象力和精神的致敬，就算面临可怕的威胁，仍旧保持住独立的自主性，仍旧发光前行，甚至不竭地创造。（当然，莫里斯最终被释放。）

我告诉我的学生，"闭上嘴，动笔"这几个字就是全部，实现起来却并不容易。它像禅语一样——简洁精练，直入核心。我们必须历经生活的诸多层面才能抵达。我们必须理解语言的尊严，了解战争和侵犯的维度，然后保持耐心，慢慢记录细节、欲望、痛苦、希望，然后放手，沉默与言说、冷静、坚定，然后困惑，失去一切，但是坚信可以从中逃脱。我们必须历经整个过程和极端的部分，才能放下自己，进入核心——安静，表面平和静止，但是内心猛烈，充满决断，抵达喜悦与纯真的境界，最后将它们写到纸上形成文字。

古代中国有一位僧人叫俱胝，独自修行，非常努力。一个暴雨的夜晚，他修行的地方来了一位法号"实际"的比丘尼。她围着俱胝走了三圈，说："你要是能说出'禅'为何物，我今晚就留下。"他不知道如何回应，比丘尼只能离开，走入黑暗的暴风雨中。俱胝怨恨自己："我真没用，连这位比丘尼的话都答不上来，没有帮到她。"他决心打包去禅院修行。当天夜里，他梦见一位山中仙人，仙人在他耳边轻声说："别急，你不需要离开此山，有人会来找你。"醒来以后，虽然知道这只是梦，但他还是决定推迟一个月再走。到了第十天，他正在垫子上盘腿修行，一位高僧来到此地，坐在他的对面。俱胝非常高兴，又很吃惊，他朝高僧鞠躬，诉说自己的困境，高僧举起一根手指，指向他。即刻，俱胝大悟。

从此以后，终其一生，只要有人找自己请示佛法，俱胝便举起一根手指，不做解释。简单一个动作，却包含了无穷的含义。[1]

过往的二十五年里，经常有人问我写作到底需要些什么，我总是重复那几个字——闭上嘴，动笔。交流总是简短，提问者希望与我讨论写作的心路历程、来龙去脉，比如写作是一件多么浪漫的事，我曾经历经多少曲折、阴影和动荡。但这些都不是重点。你的确会得到一些虚浮的馈赠，所谓渴望与抗拒、艰难与欣喜的感悟，但是最重要的是你曾经逼近那条写作的细线——那一小步、那一口气、那一次唯一写出的一个字。在那座陡峭的悬崖上，你一次次地遭逢自己，爱过、恨过、活过，也死过。经由写作的试炼去寻找到真实的自己吧，找到内心的平静。当你练习时，你就不会再给别人惹麻烦，因为那些惹来麻烦的事情，比如回忆、受过的伤害，所有一切都成了你的素材。你认领它们，便负起责任。现在你知道应该怎么做了：闭上嘴，动笔。

---

1 禅宗公案中流传的"一指禅"故事，意为万法归一。

有一种说法是，学生必须超越老师，这样教义才能一代代地传下去。片桐大忍禅师与其他先师将禅宗的智慧从东方的古代寺院带出来，将他们所知的一切传授给我们。传承是我们的责任。我们这些了解美国文化的人，必须将新的活力注入其中，将之变得茁壮，与当下紧密相连。如此一来，种子才会生根、成长。我的恩师已经去世二十多年，我希望他的教义能够经由我们的笔墨、我们的电脑的嗡嗡鸣响继续歌唱，以当代人独特的方式展示自由与理解。西方世界需要来自亚洲的智慧和教导，禅也需要我们。如今，我正站在他的肩膀上。